深窺內心

LOOK DEEP INSIDE

法蘭西斯・培根
（Francis Bacon） 著

吉喆 譯

一切的奇蹟在你自己

古典經驗論始祖培根對

「命運」的思考

U0087180

每個人都是命運建築師！
透過讀書、野心與美的追求實現自我，塑造獨特人生軌跡

從個人命運主宰、朋友間的深層連結，到事物無常的本質
培根以獨到視角分析人性、權力、時間與變遷的主題──

目錄

目錄

三　一切事物都轉瞬即逝

附錄　評價與生平

一　每一個人都是他命運的設計師

讀書

讀書有三種作用：一是可以修養身心，二是可以增加趣味，三是可以增長才智。修養身心莫過於隱居山林，增加趣味莫過於侃侃辯論，而增長才智莫過於處理繁雜的事務。

讀書有三種作用：一是可以修養身心，二是可以增加趣味，三是可以增長才智。修養身心莫過於隱居山林，增加趣味莫過於侃侃辯論，而增長才智莫過於處理繁雜的事務。雖然說有經驗的人就自己能力範圍內可以處理或辨別一些事務，但是如果要運籌帷幄的話，還是讀過很多書的人更能勝任。讀書花費的時間太多，那是由於讀書的人比較懶散；摘錄句子過多的話顯得有些造作；凡是依靠書中的教條判斷事務的人是書呆子。

天資的改善，需要靠個人去讀書，而學問見識的增長則需要依靠實踐。天生的資質就像自然界中的花草樹木，需要用學識加以修剪整理；但是書中所揭示的內容無邊無際，必須用閱歷和生活的經驗去圈定它的大致範圍。實用主義的人不願意讀書，頭腦簡單的人羨慕讀書，只有英明智慧的人才善於讀書，這並不是因為書本沒有揭示其用法，而是因為這

種用法是一種超越於書本之外，高於書本的智慧。這種智慧的獲取，只能依靠觀察的方法才行。

讀書的過程中不要故意刻薄地批判其內容，也不要全部相信書中所說，更不應該為了自己的言論而故意抬扯，而是應該斟酌考慮，給予人啟示。**有些書稍微讀一下就可以，不用太深入；有些書可以快速瀏覽而不求甚解；但有一小部分的書需要仔細閱讀，慢慢品味。**簡而言之，有些書可以只讀其章節目錄，有些書可以大致瀏覽，而有一些書卻需要細讀玩味。有些書還可以請他人代為閱讀，只要看看代閱人的摘要即可；但是這種方法僅僅適用於那種無足輕重的書，因為做過摘要的書就像蒸餾水一樣平淡無味。

讀書可以使人變得充實，討論可以使人更加機敏，筆記可以使人更加嚴謹；因此不做筆記的人必須有過目不忘的特殊能力，不經常討論的人必須有守恆變通的天賦，而不常讀書的人必須有善言巧辯的能力，這樣才能用真知灼見掩蓋自己的無知。讀歷史可以使人明智，讀詩歌可以使人靈透，數學可以使人精細，物理學可以使人深沉，倫理學可以使人莊重，邏輯修辭學則可以使人善辯，這就像古人所說的那樣：「**學習知識就會融入你的天性之中。**」[001]；非但如此，讀書還可以讓心智上的各種障礙一一消除，令人耳目為之一新。

---

[001]　參見奧維德（Ovid）《列女志》（*Heroides*）第 15 篇第 83 行。

　　身體生病以後，可以透過相適宜的運動來調養，比如打球有益於膀胱和腎臟，射箭有益於肺部和胸腔，騎馬有益於大腦，散步有益於腸胃等等；同樣的道理，如果有的人思維渙散不嚴密，可以讓他學習數學，因為在數學演算求證的過程中不容許走神，一旦走神就得重新來一遍；如果有的人不擅長辨析異同，那麼可以讓他閱讀經院哲學，因為這種哲學最擅長的就是條分縷析；而如果有的人不善於歸納總結，或者不善於演繹分析，那麼可以讓他閱讀律師的案卷。透過上述方法，就可以彌補心智上的各種不足。

求速

不要急躁，這樣我們可以儘早地結束事情。

著急地把手頭的事情一勞永逸地辦好，是十分危險的想法和行為之一，這就像醫生所說的預先消化[002]，一定會在身體中留下很多不能被吸收的物質，它們慢慢地累積，最後引起身體的病變。因此，衡量處理事情的效率不能只看花費時間的多少，而應該看事情的發展動向。這就像跑步的速度並不取決於步幅的大小或抬腳的高低，辦事的效率也並非取決於每次辦理事情的多少，而是取決於辦事人認真負責的態度。

有些人只是關心在較短的時間內完成具體的任務，或者是想方設法使得事情看起來已經完成，這樣來展示他們辦事的高超效率和雷厲風行。但是透過嚴格地控制辦事模式是一回事，依靠減少辦事環節則是另一回事。如果真的依靠減少辦事環節來結束事情，其實並沒有真正地結束，最後只是以無數次的會議或者一輪又一輪的會期來了結這件事，這個

---

[002] 用模擬的方法對消化過程加以運用，使得食物預先得到處理，一般用於傷病患。

過程中反反覆覆，磕磕絆絆，辦事效率可謂降到了極點。我認識的一位聰明朋友，他看見別人急於求成的時候總是說：**「不要急躁，這樣我們可以儘早地結束事情。」**

　　但是，在另一方面，真正的高效卻又是值得推崇的，因為正如商品透過金錢來衡量自身的價值，時間也是判斷辦事是否高效的一個有益尺度。如果事情辦得很慢，無形之中就浪費了大量寶貴的時間。斯巴達人和西班牙人就以慢條斯理而為人所知，他們有「從西班牙那裡出發來計算死神到達的時間」的說法，因為這樣一來，死亡的到來將會大大推遲。

　　我們最好耐心地聽取有關人士做相關事務的彙報，與其在他們彙報的過程中打斷人家，還不如在彙報開始之前就發號施令。因為被打斷思路的人接下來往往語無倫次，反覆無常，這樣就比原先他說話的模式慢了許多。幸運的是，比準備發言的人更加討厭的會議主持者畢竟為數不多。

　　說話反覆強調某些要點與節省時間並不矛盾。一般人認為，重複地說話總會浪費時間。其實透過反覆強調問題的關鍵部分，就可以省去後來的諸多問題和麻煩。發言的時候不要拖泥帶水，否則就像長跑的時候穿著修長的衣袍披風一樣。開場白、過渡語、客套話以及發言者自己的閒言碎語，都是對時間的極大浪費。這些無謂的話語聽起來是在謙虛，其實則是在自誇自耀。不過這裡需要注意一點，當參加會議

的人對你的觀點持不同甚至相反意見時，千萬不要直接闡述自己的觀點，而是需要上面那些語詞的過渡和潤色，這樣可以有效地消除對方腦子裡存在的偏見。就像熱敷可以最大限度地幫助藥膏發揮藥效一樣，這裡的開場白或客套話也是這個道理。

最值得一提的是，按部就班，各行其責和抓住主要矛盾是高效處理事務的關鍵，處理職責的分配也是一個不容忽視的因素。分配職責既不能過於含糊籠統，又不能事無鉅細。分配職責過於含糊會導致執行人三心二意，不注意事務的細節問題；職責分配過多則又使得執行人手忙腳亂，沒有時間認真處理事務。選擇好的辦事時機就是節約時間，那種不分場合地處理事情只是徒勞無功罷了。

處理一項事務必須有以下三個基本步驟——計劃、討論和執行。如果你想高效快速完成一件事情，那麼就必須知道：只有討論環節可以讓更多的人參與，計劃和執行就只能讓少數人去實施了。[003] 如果議事提綱採用書面的形式明確下來，效率會有相當程度的提高。即使提綱最後被全面否決，那些否決的意見也是很有用處的，總比漫無邊際地亂談有指導作用，這就像燒過的柴灰可以做肥料滋養植物，而塵土卻沒有這種作用。

---

[003]　這句話中的「你」、「更多的人」和「少數人」分別指當時的英國國王、國會和樞密院。

野心

一般說來，嚴厲苛刻的人比寬厚隨和的人危險性更小，最近才被提拔的人比長期盤踞高位的人危險性更小，出身卑微的人比出身高貴的人危險性更小。

野心就像身體中的膽汁，當它分泌順暢的時候，可以使人熱情敏捷，使人振奮並且心情愉悅；但是當它一旦受到阻力，沒有辦法分泌的時候，便會造成體內淤積，肝氣不順，使人心情煩躁，易動怒引惡。[004] 野心勃勃的人通常就是這樣，當他們發現自己的仕途非常順利，並覺得還有升遷的空間時，他們不但沒有危險，還對公務保持一種勤勉的態度。但是當他們的欲望無法實現時，他們就會變得滿腹牢騷，待人接物都不懷好意，幸災樂禍。

這些品格，無論是對於一個國家的君王、大臣，還是一般的公務人員，都是極端惡劣的。因此，如果君王要任用那些野心勃勃的人，就必須讓他們不斷高升而沒有被貶黜。可是，這樣的做法勢必引起麻煩，所以對這類野心家還是避而

---

[004]　古代西方的醫生認為人體內有四種體液 —— 血、黃膽汁、黑膽汁、黏液，一個人的氣質由這四種體液的多少決定，並且氣質在一定程度上隨著體液的變化而變化。

遠之為好。這樣的人如果不能一直升遷，他們就會想方設法讓手中的職權隨著他們一起墜落。但是，既然我說過最好不要任用這種人，那就說明還有需要任用他們的例外，因此我們可以談談在什麼時候任用他們。

戰爭時期必須選擇善戰的將才任用，而不要管他們的野心如何，因為使用他們的長處可以彌補他們的短處，而且沒有野心的軍人就相當於沒有皮鞭的戰馬。當君王遭到嫉妒或者遇到危險時，可以拿有野心的人作為擋箭牌；因為這樣的人就像一隻瞎眼的鴿子，不顧事態的變化而只管往前衝，這樣的人最適合充當擋箭牌的角色。正如當年提比略用馬克羅除掉塞雅努斯一樣，君王還可以利用有野心的人除掉身邊位高權重的具有潛在威脅性的大臣。[005] 從中我們可以看出，鑒於上述情況的存在，任用有野心的人是非常必要的，那我們現在就有必要談談如何控制這種人，以便最大限度地降低他們的危險性。

這種人的危險性隨著不同的人而變化，一般說來，嚴厲苛刻的人比寬厚隨和的人危險性更小，最近才被提拔的人比長期盤踞高位的人危險性更小，出身卑微的人比出身高貴的

---

[005] 塞雅努斯（Sejanus），古羅馬陰謀家、政治家，提比略（Tiberius）的寵臣，長期擔任禁衛軍統帥（15-31），他於 31 年出任執政官，後來擁有了很大的權力，對提比略造成了威脅而被處死；馬克羅（Macro）在掃除塞雅努斯的行動中立了軍功，後來被提升為禁衛軍的統帥，但是這個人後來參與了謀殺提比略的行動。

人危險性更小。有的人把君王培養心腹之人看作是一種缺點，其實這是應付野心家們的最好策略。因為親信的人掌控著所有討好或者惹怒君王的通道，那麼任何人都不可能變得位高權重。

限制野心家們還有一個辦法，就是使得另外一些心高氣傲的人與他們的勢力相當，但是國家最好還應該有一股中間力量來保持事態的穩定，因為沒有壓艙物，行船就會非常顛簸。此外，君王還可以鼓勵一些出身卑微的人與那些野心家們作對。另外要使有野心的人時刻感到處於危險的境地，這對那些生性懦弱的人也許是不錯的建議。但是對那些膽大的人卻會適得其反，使得他們加快圖謀不軌的行為。如果說情勢已經到了需要君王對野心家們一併剷除的時刻，但是一時半會兒又沒有好的手段可以實施，那麼唯一的方法就是對這些野心家們賞罰並行、恩威並施，使得他們彷彿置身於茂密的樹林而不知道該往哪條路走。

就野心本身而論，那些只是在大事上占先的野心比無論何時都想炫耀的野心危害更小，因為後者可以引起混亂，阻礙公務的執行；但是與那種八面玲瓏，各種事務都要插手干預，甚至想直接號令天下的野心家相比，這種擾亂公務的野心其危害性較小。那種企圖在一切優秀的人中間出類拔萃的人，雖說他們的野心一般很難實現，但是對於公眾的利益永

遠都是具有危害性的；而那種試圖在平庸之輩中大展身手的野心卻會導致整個時代的衰退。[006]

總是想要得到高位的人，其實懷有三種動機：一是想要取得參與政事的條件，二是想要謀求攀附權貴的機遇，三是想要謀求財富的時運。懷有第一種動機的人，他做了高官以後是一個值得信賴的忠臣，而有能力辨別這三種動機的君王可謂是有道賢明。一般說來，君王和政府選拔官員的時候，應該排除那些只注重其職位的人，而應該挑選那些更注重其自身職責的人；應該提拔任用那些出於良心而熱愛公務的人，而不是那些為了炫耀其名譽而從事公務的人。總之，一定要分清楚盡忠報國的赤誠之心和好管閒事的城府野心。

---

[006] 培根（Francis Bacon）曾經用類似的話批判他的姨父威廉·塞西爾（William Cecil）勛爵和表弟羅伯特·塞西爾（Robert Cecil）爵士嫉妒有才能的人，他們不但沒有在女王面前推薦他（培根），反而還在背後毀謗他，阻礙他的晉升。

虛榮

人天性就有喜好功德的心，有些人雖然自身並不圓滿，但是由於其功高德厚，世人便欣然敬仰於他，這也就不足為怪了。所以，青史上留下名字的人，大部分都是透過厚德實現的。

伊索（Aesop）有一個很有趣味的寓言，一隻停落在大車輪軸上的蒼蠅，望著漫天飛舞的塵土，大言不慚地說：「看看吧，我可以把塵土揚得很高很高！」世界上總有這麼一些人，他們愛慕虛榮，無論什麼事情的進展，只要與他們沾邊而不管是否另有強者在推動，他們都會自詡是他們的功勞。愛慕虛榮的人一定喜歡參與黨派的鬥爭，因為自我吹捧的人總是喜歡與他人比較。喜歡自誇的人的言論也一定非常激烈，以此來證明他們的吹捧是何等的真實。但是，喜好自誇的人又往往不能保守祕密，所以他們總是成事不足敗事有餘。這樣的人正好應了那句法國格言 —— 自吹自擂的人一事無成。

但是毋庸置疑，在處理國家事務的過程中，吹噓也有它自己的用處。比如說為了給某種德行製造輿論氛圍，或者說

為了歌頌某人的功德，這些喜好吹捧的人就是最好的發起者。再比如，當安條克三世與埃託里亞人結盟的時候，李維（Titus Livius）就曾經指出：「就將要遊說的雙方而言，有時說客的交叉吹噓可以收到意想不到的效果。」[007] 如果一名說客想要把兩位君王拉入一場對第三者的戰爭，他就會在君王之間相互遊說，就未來盟友的力量分別向兩位君王誇大其詞地煽動誘惑，以期達到拉攏結盟的目的。此外，在這兩人間奔走相告的說客也會分別在兩位君王面前故意誇大自己對另一位君王的影響力，以便取得他們兩人對自己的信任。像這樣的誇大其詞確實可以收到無中生有的效應，大話可以誘發信念，而信念卻可以轉化成物質力量。

對於軍人來說，虛榮心是必不可少的。就像刀劍和刀劍可以相互砥礪一樣，軍人們之間也可以利用虛榮心來相互激勵。至於那種宏偉大業 [008]，需要付出很大的代價並甘冒巨大的風險，這個時候愛慕虛榮的人就可以大顯身手，而那些穩重老成的人不適合做揚起的風帆而只能充當壓艙物了。

說到學者的名望，要想名揚天下的話，必須有些許華麗的虛飾羽毛。「那些著書立說的人，雖然視名望如糞土，但是

---

[007]　參見李維《羅馬史》（*History of Rome*）第 35 卷第 12 章、17 章和 18 章。西元前 192 年，塞琉西王國國王安條克三世（Antiochus III）應埃託里亞聯盟（古希臘部分城邦以埃託里亞為中心結成的反馬其頓同盟）之邀進入希臘，次年被向東擴張的羅馬擊敗。兩者的結盟自有其政治背景，但說客對兩者力量的交叉吹噓也促成了雙方結盟的決心。

[008]　很可能是「霸業」的委婉說法。

他們從來沒有忘記把自己的大名留在扉頁」。就連蘇格拉底（Socrates）、亞里斯多德（Aristotle）和加倫（Claudius Galen）[009] 等人也喜歡顯露才華，宣揚自己。無可置疑，虛榮心確實可以幫助人們青史留名。人天性就有喜好功德的心，有些人雖然自身並不圓滿，但是由於其功高德厚，世人便欣然敬仰於他，這也就不足為怪了。所以，青史上留下名字的人，大部分都是透過厚德實現的。如果西塞羅（Cicero）、塞內卡（Seneca）和小普林尼（Pliny the Younger）在他們那個時代不替自己粉飾宣揚的話，他們的名聲恐怕也難以流傳到今天。這種粉飾宣揚就好比替木板刷漆，不僅可以使其顏色鮮亮，而且可以使其增加使用的期限。

　　但是，在上述的虛榮中，我還沒有接觸到塔西佗為穆奇阿努斯界定的那種特性。塔西佗說：「此人可以運用一切表現技巧，使他以往的任何言行都能獲得讚賞。」[010] 然而，這種技巧並不是出於虛榮心的驅使，而是來自於得體適宜的寬容和謹慎。這種寬容和謹慎對於某些人來說不僅自然大方，

---

[009]　加倫（Claudius Galen, 129-199），古希臘哲學家、生理學家及醫師，曾經根據動物的解剖來推論人體的結構，並且用亞里斯多德的目的論來闡述人體的功能。

[010]　參見塔西佗（Tacitu）《歷史》（*Histories*）第 2 卷第 80 章。羅馬帝國駐各地的軍團在尼祿（Nero）死後紛紛擁戴新的皇帝。歷史上曾經三度出任執政官並握有重兵的敘利亞總督穆奇阿努斯（Mucianus），拋棄自己的妒忌心和敵意，答應把軍隊交給已經被猶太軍團、埃及軍團和美西亞軍團擁戴的維斯帕先（Vespasian），並幫助其登上了王位。正是這種舉措，使得他的名字留名史冊。

而且還能使其顯得優雅莊嚴，因為如果可以靈活運用寬容、恭敬、謙卑的話，它們也不失為吹捧自己的良好舉措。像這樣的技巧，最精妙的要數小普林尼曾經說到的那種，即如果某人恰好與你有相似的優點或優勢，一旦你發現之後，就應該毫無顧慮地大肆讚賞。

　　小普林尼關於這種技巧的闡釋說得十分巧妙，他說：「讚賞別人實際上等於褒揚自己，因為被你讚賞的人要麼比你出色，要麼比你遜色。因此，如果他確實比你遜色，但是卻受到你的褒獎，足見你是多麼值得誇獎；如果他比你出色，但是卻沒有受到你的稱讚，可見你根本不值得稱頌。」[011] 愛慕虛榮而自吹自擂的人，被有識之士輕薄，被庸人傻瓜讚美，被寄生的食客膜拜，同時他也被自己的彌天謊言俘獲。

---

[011]　參見小普林尼《書信集》（*Complete Letters*）第 6 卷第 17 篇第 4 節。

讚譽

讚譽不僅是一個人德行的反映，也是一個值得人反思的借鑑。

讚譽不僅是一個人德行的反映，也是一個值得人反思的借鑑。如果一種讚譽從庸俗的大眾那裡發出，那麼它往往都是沒有絲毫價值的荒謬褒獎。像這樣的讚譽，一般緊緊追逐那些愛慕虛榮的人，而不是那些德行高尚的人，因為只有那些平庸的人才不知道德行究竟是什麼。他們嘆賞薄德，驚羨私德，但是對真正的大德偉德卻熟視無睹，唯獨那些張揚炫耀的假德行深得他們的青睞。無可置疑，庸俗的大眾口碑就像一個只承載虛榮而不接受厚德的冰川。但是如果有識之士異口同聲地稱讚的話，那就像《聖經》（*Bible*）所說的「美名正如香膏」[012]。這樣的聲譽可以遠播名揚，並且久久不會散去，因為與鮮花的芳澤相比，香膏的芳菲更能持久。

既然歌功頌德有這麼多的不良之處，那麼人們對其加以懷疑也是情理之中的事情。有些稱頌讚揚無非是為了阿諛奉承。如果逢迎的人火候不夠，他便會拿一大堆高帽子，不管

---

[012]　參見《舊約·傳道書》（*Ecclesiastes*）第 7 章第 1 節。

是誰都往上戴。如果他有幾分心計的話，就會仔細地揣摩將要巴結的貴人的心理活動，然後大肆誇獎貴人最為得意之處。但是如果他是個厚顏無恥的人，便會找出一個人最難堪的缺陷大加宣揚，並把那缺點說成是優點，直到被吹捧的人自己也不得不鄙視自己為止。有些讚譽確實有善意的初衷，這是對君王或者其他重要人物應該有的禮貌；像這樣的讚譽可以稱得上是「以贊為訓」，因為讚譽者所襃揚的地方正是他們希望君王和重要任務人物們做到的地方。有些讚譽則像是裹上糖衣的砲彈，實際上給被讚揚的人招來了不少的嫉妒，這真是應了那句老話——最可怕的敵人就是當面說你好話的敵人。

不過，希臘人有這樣一句格言：「**心懷叵測的稱讚者的鼻梁將會生瘡。**」[013] 這與英語中說喜歡行騙的人舌頭會起瘡是一樣道理。不可否認，有良好作用的讚譽應該在適當的場合、恰當的時機發表，不能流於庸俗。所羅門（Solomon）曾經說過：「早上起來就對朋友大肆吹捧讚揚，簡直就是對朋友的惡毒詛咒。」[014] 過分讚揚人或者事物，就會引起人的反感，還會招來嫉妒和嘲笑。除了極端特殊的情況以外，

---

[013]　參見古希臘詩人忒奧克里托斯（Thoecritus，約前 310- 前 250）的〈田園詩〉（*Idyll*）第 12 首第 23 ～ 24 行：「美麗的人兒，我讚美你啊，但我並不會由此而鼻上生瘡。」
[014]　參見《新約·哥林多後書》（*Letters of Paul to the Corinthians II*）第 11 章第 21 ～ 23 節。

自我吹捧是一無是處的；但是一個人如果讚美自己的工作或者事業，那他的體面便會溢於言表，甚至顯示出一種崇高。那些所謂的神學家或經院神學家的羅馬紅衣主教就很自命不凡，鄙薄世俗事務，並且把所有的將軍、大使、法官和其他非神職官員都稱作「代理執政官」，好像他們只是在代行職權。然而，與主教們高深莫測的思辨相比，這些「代理執政官」的作為更有利於世俗之人。聖保羅（St Paul）在誇耀自己的時候總是說「恕我妄言」，但是當他談及自己的工作時卻說「我要讚美我的使命」。[015]

---

[015]　參見《新約·羅馬書》（*Letter of Paul to the Romans*）第 11 章第 13 節。

消費

　　個人的日常開銷應該以自己的財產數量為限，一定要量入為出。

　　賺錢是為了能更好地花錢，而花錢的時候應當考慮聲望和善行。因此，大量的開銷應該顧及用途的價值大小，要知道有些人為了國家是寧願傾家蕩產的。個人的日常開銷應該以自己的財產數量為限，一定要量入為出，不要受僕人的矇蔽隱瞞。在使得日常開銷低於外人猜想的基礎上，盡可能把生活安排得體面些。如果一個人想要保持收支平衡，那麼他日常的開銷應該是收入的一半，而如果他想變得富裕，那麼他日常的開銷應該是收入的三分之一；這一點是眾所周知的。

　　地位高的人查詢自己的財務並不會影響自己的身分。有些人並不是由於疏忽大意，而是怕查出自己的財產問題而平添煩惱，所以他們一般情況下是避免這種行為的。但是如果身體有創傷的話，不去檢查就談不上治療。如果不經常清點自己財產的話，在僱用管家的時候必須當心，並且務必保證經常換新的管家，因為新來的管家畏怯多於奸詐。除此之

外，還要做出明確的收支限定。在一方面開銷比較大的話，就應該在另一方面厲行節約。比如，在餐飲方面開支比較大的人，可以在服飾方面節省一些；在家居的裝飾上花費得多一些，就可以在馬廄的修繕上節省一些。如果處處都不精打細算，家道就會很快衰敗的。

快速償還債務和一直拖延債務不還的危害是同樣嚴重的，因為廉價地推銷和給付更多貨物一樣都會帶來虧損。此外，一次就還清債務的人往往還會繼續借貸，因為他發現剛剛擺脫的困境又捲土重來。然而，逐漸地償還債務卻會幫助他養成節儉的習慣，這對他的身心與家庭都是有巨大好處的。想要振興家業的人，千萬不能忽視微小的細節，要知道減少不必要的零星花費比屈尊下顧地謀求小利更為體面。對於那些長期性的支出，在其開始的時候就必須謹慎考慮，但是對於那些一次性的消費可以慷慨一些。

美

世界上最美者兼有最善良的品性。

善良就像寶石一般，以鑲嵌在大自然的萬物上為美；而善良如果在美者身上有所展現的話，那就更美了，不過這樣的美不必是相貌俊秀，只需要氣度端莊，儀態適宜。**世界上最美者兼有最善良的品性**，這幾乎很少為人所知，好像造物主一直在致力於這樣的創造，而不願意奉獻出美善皆備的佳作。因此，人世間的美男子雖然身軀非常完美但是精神卻很卑劣，他們往往過多地重視行為本身而忽視其後的德行。但是，像這樣的結論並不是放之四海而皆準的真埋，像古羅馬皇帝奧古斯都（Augustus）和維斯帕先、法蘭西國王腓力四世（Philippe IV）、英格蘭國王愛德華四世（Edward IV）、古雅典將軍阿爾西比亞德斯（Alcibiades），以及伊朗國王伊斯邁爾一世（Ismail I）等都是德志皆備的人，但也都是那個時代的美男子。

至於美女，天生的自然容貌永遠比塗脂搽粉的臉龐美麗，而行為的得體優雅又遠遠超越天生的自然容貌。優雅的儀態是一切美者中最美的，這是丹青妙筆所無法描繪的，也

不是常人一眼就能識別的。那些非常美麗的人，他們的形體比例一定有特殊之處。人們很難判斷阿佩萊斯[016]和杜勒[017]哪一個更可笑，前者總是將很多面孔的最美之處彙集在一張容顏之上，而後者畫人像的時候總是按照一定的幾何比例[018]。我認為除了畫家之外，沒有人會喜歡這樣的畫像。儘管我認為畫家可能畫得比真的容顏還要美麗，但是他必須依靠靈感，而不是憑藉什麼尺寸規則，這就好比音樂家譜寫樂曲一般，靈感是最為重要的。人們也許見過這樣的面容——如果將其五官分開來看則平淡無奇，但是把這些五官合在一起看的話就顯得美不可言。

如果美的要素蘊含於優雅的儀態之中，那麼年長的人比年輕的人更加美麗就不足為怪了，要知道年紀稍長的美人也很美。如果青春不是優雅儀態的補償，那麼年少的人多半都算不上俊秀。美貌就像夏天的果實一樣，不方便儲存且容易腐爛，它不但使年少者放蕩不羈，還給年長者平添幾分難堪。但是我在本篇開始時所論述的觀點依然不錯，如果美貌建立在善良的基礎之上，就會使得善良的行為熠熠生輝，而使得卑劣的行徑無處藏身。

---

[016]　阿佩萊斯（Apelles）是西元前 4 世紀的希臘畫家，曾經擔任亞歷山大大帝和馬其頓國王腓力二世的宮廷畫師，擅長畫人物肖像。

[017]　杜勒（Albrecht Durer, 1471-1528）是德國畫家，著作有《人體比例研究》。

[018]　培根在這裡可能誤將阿佩萊斯記成了另一位古希臘畫家宙克西斯（Zeuxis，前 464- 前 389），相傳宙克西斯曾經把五位美女的優勢集於一身，繪畫出了海倫的肖像。

人之本性

我的心始終無法自由，寄人籬下。

人的性格既可以長成芳草，也可以長成雜草，因此我們必須在適當的時候培養前者而根除後者。

一般說來，人的本性是含蓄而不外露的。它有時候可能被壓抑，但是幾乎不能被徹底消除。刻意地強制壓迫本性，它就會變得越發強烈。閱讀經文和暢談道學僅僅可以使它有所收斂，只有長期形成的習慣才能改變和說服人的本性。想要徹底改變本性的人，制定的改變措施既不能太多，也不能太少。舉措太多的話，往往使人顧此失彼，無法面面俱到，結果導致人的灰心喪氣；舉措太少的話，儘管容易落實，但是卻很難將習慣和本性協調起來。

剛開始培養新習慣的時候，可以尋求一些外界的幫助，就像第一次學游泳的人總是藉助漂浮物一樣。但是，隨著時間的推移，新習慣的培養就應該在不利的條件下進行，就像專業的舞蹈者為了取得良好的練習效果而刻意穿著厚底的練舞鞋一樣，所練習的東西很難在日常生活中應用，但是只要開始使用就能顯示出熟悉、習以為常的狀態。

如果不良的本性已經長期盤踞在人的生活當中，很難將其消除，那麼改變的措施就要遵循循序漸進的原則：在開始階段，可以試著及時克制自己的感情，就像容易發怒的人總是嘴裡默唸二十四個字母那樣；然後慢慢地開始克制不良習性的蔓延，比如戒酒的人可以把一杯的酒量減少到一口的酒量，一直到最後完全根除酗酒的惡習。但是如果一個人的毅力和決心足夠強大，可以在一次的嘗試中完全改變舊有的習性，那當然是我們想要的最佳狀態；畢竟「那堅決維護精神自由的人，才能最果斷地擺脫束縛心靈的桎梏，從而使得煩惱完全遠離自身 [019]」。

有句古話認為，可以過度地矯正錯誤的事情；因此，只要那相反的習慣不是惡習，我們可以用它來矯正舊有的惡習，這也不失為一種良好的舉措。人不應該一味地迫使自己一蹴而就地養成新的習慣，在這個過程中需要有一個時間的間歇，之所以這樣是由於：一是停下來反思可以有效地預防舊有的惡習，並鞏固良好的新開端；二是這樣做可以防止新養成的習慣兼有惡習的性質，因為如果一個人的本性並不完善，那麼他匆忙養成的新習性可能良惡兼有。人不能輕易地相信自己已經革除了舊有的惡習，因為本性一直會長期潛伏，只要一有機會或者一受到誘惑，它就會恢復往日的面

---

[019]　參見奧維德的《愛的藝術》（*The Art of Love*）第 293 ～ 294 行。

目。這就像是《伊索寓言》(*Aesop's Fables*) 中的那位姑娘，她是由貓變來的；儘管她可以悠然自在地坐在桌子旁邊，但是只要老鼠從她的身前跑過，她的貓本性就會復發。因此，想要根除舊有惡習的人，要麼完全迴避可能誘發其本性的場合，要麼天天置身其中，這樣的話他也許會因為司空見慣而不再受其誘惑。

　　人在獨處時，或者感情極度強烈的時刻，或者處於新情況的嘗試之中，往往最能顯示其本性；這是因為獨處時可不必佯裝做樣，激動時會忘記周遭的清規戒律，而在新情況的嘗試中沒有一個先在的例子可以仿效。如果人的本性與其從事的職業非常協調，那麼這個人是很幸運的；與之相反，那些所從事的職業與其本性格格不入的人，只能無奈地悲嘆：**「我的心始終無法自由，寄人籬下。」**[020] 在治學方面，人如果強迫自己從事某一學科的研究，他必須安排出固定的時間；但是如果他所研究的某一學科適合他的本性，那麼他就沒有必要安排固定的時間，因為只要時間允許，他的全部心思會自動地花費在所研究的科目上面。人的性格既可以長成**芳草，也可以長成雜莠，因此我們必須在適當的時候培養前者而根除後者。**

---

[020]　參見聖哲羅姆 (St Jerome) 譯拉丁文字《舊約・詩篇》(*Psalms*) 第 120 篇第
　　　　6 節；英文 1611 年欽定本《聖經》同篇第 6 ～ 7 節說：「我長期地寄居在那
　　　　厭惡和平的人的家中，雖然我天性喜好和平，但是我主張和平，他們卻維護
　　　　戰爭。」

養生之道

時而靜靜修養，時而運動鍛鍊，但更多的時候還是運動為好。

在本篇講述中，有一種智慧是醫家的規則中所沒有的。什麼對身體會有傷害，什麼對健康有益，人們對這些問題的長期關注和自我反省才是保持健康的最佳藥物。不過，更安全的結論應該是「這對我來說是不適合的，我將放棄使用它」，而不應該是「我覺得它對我沒有什麼大礙，所以我將要使用它」。要知道年少時候的過度行為大多數是由那時本性的無所顧忌和血氣方剛造成的，等到年老時，行為過度已經欠下一筆必須歸還的不小債務。隨著年齡的增加，不要總是幻想做事不減當年，因為誰也無法逃脫歲月的磨礪，終將衰老。

對於主食的突然改變，一定要十分謹慎；如果非要改動的話，相應的副食品也應當有所改變。其實，自然的養生之道和治理國家的原則是相通的，它們都有一個共同的祕訣，那就是所有事務的改革比一件事務的變更更為安全。[021] 你應

---

[021]　馬基維利（Machiavelli）在他的著作《論李維》（*Discourses on Livy*）第 1 章第 26 節說：「新的君王登上王位必須改革一切事務。」

該時常審視衣食住行等方面的習慣，如果發現其中有不利於身體健康的習慣，就要想方設法地將其消除；但是如果發現由於改變某種習慣而引起身體某些部分的不適，你不妨先讓這些舊有的毛病持續下去。這是由於我們在一定的時期內沒有辦法區分哪些是對你個人有益並適合的習性，哪些是公認的對健康有益的習慣。

不過，在日常生活中應該怡然自得，無憂無慮，這卻是長壽健康的祕訣之一。至於人們的思慮，切忌不要過度地悲傷和歡喜，應當避免焦慮、嫉妒、憤懣等情緒，同時也應當避免總是懷疑自己的思考能力不足，智力無法發揮等。我們的心中應該時常懷有美好的憧憬，懷有適當的愉悅和情趣，懷有對偉大事物的敬仰、讚嘆以及從中產生的新奇。除此之外，我們還應該培養對歷史、神話和自然等的興趣，逐漸深入其中並進行研究，這樣可以讓頭腦中充滿多彩而凝重的思考對象。

如果你很少用藥物維護健康，那麼當你第一次使用藥物時很有可能感到不適；而如果你平時總是使用藥物，那麼生病的時候使用藥物就不會有明顯的效果。我很贊成隨著季節的變換而更換食品，除非服用藥物已經成為生活中的一種習慣，我是非常反對經常服用藥物的，因為營養的食品對身體的保護作用遠遠大於傷害。身體上一旦出現了異常情況，我們絕不可以忽視，應該及時尋找醫生診治。

　　生病以後要注重身體的調養，平時要注意多加鍛鍊身體，因為平時經常鍛鍊的人一般不會出現什麼大的疾病，只需要注意飲食和調養就可以康復。凱爾蘇斯（Celsus）如果只是一名醫生而不是一個哲學家，那麼他就不會有以下的見解作為健康長壽的祕訣：雖然人應該不斷變換生活方式，但還是應該選擇更適宜自己的一種，比如時而節制飲食，時而剛剛吃飽，但更多的時候還是剛剛吃飽為好；時而晚上熬夜，時而很早入睡，但更多的時候還是晚上早點入睡；時而靜靜修養，時而運動鍛鍊，但更多的時候還是運動為好；[022]像這樣的例子還有很多，就不在此一一列舉了！

　　如果能做到這些，那麼生理機能就可以得到很好的維護，同時疾病也會遠離我們。有些醫生對於病人的脾氣採取妥協的態度，導致正常的治療方案無法實施；有些醫生由於過分地遵照醫書上的原理而忽視病人的實際身體狀況。所以，最好的醫生應該是介於這兩者之間；如果一時難以找到這樣的醫生，就分別找到這樣的醫生然後綜合他們的意見。最後一點不要忘記，身體生病時既要請醫術高超的醫生，又要請對你身體狀況十分熟悉的大夫。

---

[022]　凱爾蘇斯（Celsus），1 世紀羅馬編纂家、作家，所編的百科全書中只有《醫術》（De Medicina）得以流傳後世，這本書被公認為是一部優秀的醫學文獻。培根的這段話引用自《醫術》第 1 章第 1 節，但是與凱爾蘇斯的原話和含義截然不同。

死亡

一個堅定的、一心向善的心智是能避免死亡帶來的痛苦的。

成人害怕死亡就像兒童害怕進入黑暗的地方；兒童對黑暗的天然恐懼隨著虛假的傳言而與日俱增，成人對死亡的膽怯恐懼也是這樣。無可否認，靜觀死亡，把它當成罪孽的報應，或者是通往另一世界的去路，是虔誠而且合乎宗教的；但是恐懼死亡，把它當作我們對大自然應該交納的貢物，則是非常愚弱的。然而，在宗教的沉思中有時難免會有虛妄和迷信。在某些天主教修士的禁慾書中你可以看到一種言辭，說是一個人應當自己思量，假如他的一個手指末端被壓或被弄傷，這樣的痛苦是怎樣的；由此再想那使人全身腐爛分解的死亡，這樣的痛苦又該是什麼樣子。

其實死一千次也不及某一個肢體受傷的疼痛，因為人體最生死攸關的器官並不是最敏於感受的器官。因此，那位只以正常人和哲學家身分著書立說的先人說得很好：「與死亡相比，伴隨死亡而來的一切更加可怕。」[023] 呻吟與抽搐、面目的變色、親友的哀悼、喪服與葬禮，像這樣的場面都顯示

---

[023]　參見塞內卡所著《道德書簡》（*Moral letters to Lucilius*）第 24 篇。

出死亡的可怕。但應該注意的是，人類的種種激情並不是脆弱得不能克服並壓倒對死亡的恐懼；而且既然人們有這麼多可以戰勝死亡的隨從，都能打敗死亡，可見死亡算不上是最可怕的敵人了。

復仇的心會征服死亡，愛戀的心會蔑視死亡，榮譽的心會渴求死亡，悲痛的心會撲向死亡，連恐懼的心也會預期死亡；而且我們在書中還讀到，在羅馬皇帝奧托（Otho）伏劍之後，哀憐的心（這種最脆弱的感情）使得許多士兵們也自殺而死，[024] 他們的死亡純粹是出於對君王的同情和要做最忠心臣民的決心。此外，塞內卡還補充了苛求的心和厭倦的心，他說：「試想你做同樣的事情已有多久！不止勇者和貧困者想死，連厭倦無聊者也想死亡。」[025] 一個人雖然既不勇敢也不困窮，然而厭倦沒完沒了地重複做一件事情，也是會尋死的。

同樣引人注意的是，羅馬帝國的那些君主們面對死亡時是從容不迫和淡定自如的，因為他們在生命的最後時刻還要保持原來的自我。奧古斯都大帝彌留的時候還在讚美他的皇后：「永別了，莉維亞，請你不要忘記我們婚後生活的時光。」；提比略危篤之際仍然掩飾他的病情，就像塔西佗所說的：「他的體力日漸衰退，但他的掩飾依然像從前那樣。」；維斯帕先大限臨頭的時候還一個人坐在凳子上說笑話：「看

---

[024]　參見塔西佗所著《歷史》第 2 卷第 49 章。
[025]　參見塞內卡所著《道德書簡》第 77 篇。

來我馬上就要變成神祇。」；加爾巴（Galba）的臨終遺言是：「你們砍吧，如果這有益於羅馬人民。」一邊喊著一邊伸頸就死；[026] 塞維魯斯（Severus）死得爽快，他說：「假如還有什麼我應該做的事情，就快點來吧。」[027] 像這樣視死如歸的例子還有很多。毋庸置疑，斯多葛學派那些哲學家們把死亡的價值抬得太高了，並且由於他們對死亡做了充分甚至過度的準備，因此使死在人看起來更為可怕。

尤維納利斯 [028] 說得較好，他認為生命的終結是自然的一種恩惠。死亡與降生都是順其自然的，不過在孩子的眼裡，出生與死亡也許都會引起同樣的痛苦。在某種熱烈的行為中死了的人就像在血液正熱時受傷的人一樣，當時是感覺不到死亡的；因此可見，一個堅定的、一心向善的心智是能避免死亡帶來的痛苦的。但是，務必要相信最美的聖歌就是一個人已經達到了某種有價值的目的和希望後所唱的那首：「神聖的主啊，現在就請讓你的僕人安然離去。」死亡還有一點，就是它開啟了名望的大門，並消除了妒忌的心，因為「生前遭人嫉妒的人死後將會受人愛戴」。[029]

---

[026]　關於文中記敘的許多羅馬皇帝的死狀，可以參照閱讀蘇維託尼烏斯（Sueto-nius）的《羅馬十二帝王傳》（*The Lives of the Twelve Caesars*，張竹明等譯，商務印書館 1995 年版）。

[027]　關於塞維魯斯的死，可以參見卡西烏斯‧狄奧（Cassius Dio）的《羅馬史》第 67 章的描述。

[028]　尤維納利斯（Juvenal），古羅馬諷刺詩人，著有《諷刺詩》（*Satires*）5 卷。

[029]　參見賀拉斯（Horace）《書札》（*Epistles*）第 2 卷 1 首 14 行。

復仇

　　寬容地原諒別人的過錯就是寬恕者本人的榮耀。

　　復仇是一種最為原始的公平，人類的天性越是喜歡偏愛這種公平，法律就越是應該將人們的復仇欲望消除掉。因為頭一個罪惡不過是違反了法律，可是報復這件罪惡的行為卻藐視法律的存在，甚至超越於法律之上。毫無疑問，如果一個人對他的仇敵總是睚眥必報，想方設法尋求報復的機會，那他與被報復者差不多是同類的人；而如果他忘掉以前他們之間的怨恨，寬容地原諒對手，那麼他就比對手高明得多，因為高抬貴手是高明智慧之人的舉動。

　　我十分相信所羅門說的那句話：「寬容地原諒別人的過錯就是寬恕者本人的榮耀。」[030] 過去的就已經過去了，並且一去不復返，而聰明的人總是把時間和精力放在當下的事情和將來的籌劃上，所以對過去的事情一直放不下並且銘記在心的人，簡直是徒勞心力而已，對自己沒有一點好處。**世界上沒有人是為了作惡而作惡的，作惡的人無非是為了要給自己取得利益、樂趣、榮譽或者諸如此類的東西。**

---

[030]　參見《舊約‧箴言》（*Proverbs*）第 19 章第 11 節。

　　既然是這樣，那為什麼我要對某人因為愛他自己勝於愛我而生氣呢？縱使有的人純粹是出於惡劣卑鄙的天性而做出醜惡的行徑，那又怎麼樣呢？也不過像山間的荊棘一樣，它們刺人抓人就是因為它們自身不會做其他的事情啊！復仇中最讓人寬恕的一種就是為了報法律沒有及時糾正罪惡行為的那一種仇，但是這個時候報復的人必須留意，一定要讓自己的報復行為也出於法律無法懲治而倖免於難，要不然報復者的對手仍舊會占便宜，因為二人之間吃虧的比例是二比一。有的人復仇時，總想要仇敵弄清楚這復仇的火焰到底是從哪裡迸發出來的。相較而言，這樣的復仇是豁達的，因為更痛快的報仇似乎不是為了使仇敵的皮肉上受到相應的傷害或懲罰，而是要讓對方的心靈自覺地懺悔並認罪；不過，那些卑鄙狡猾的懦夫則往往想要在背後放一支冷箭。

　　佛羅倫斯大公科西莫[031] 曾經用極其憤怒的言辭強烈譴責朋友的忘恩負義或不講信用，他似乎認為這樣的罪惡行為是不能原諒的。他說，你可以在偉大的《聖經》裡讀到基督要我們包容諒解仇敵的教誨，[032] 但你絕不會在裡面讀到要我們寬恕自己朋友的言語。但是到目前為止，似乎還是約伯（Job）的精神比較高尚，他說：「我們怎能夠只喜歡上帝的

---

[031]　科西莫（Cosimo de Medici, 1519-1574），老洛倫佐後代，梅迪契家族成員，第一任托斯卡納大公，第二任佛羅倫斯公爵，後來當選為共和國的首腦。

[032]　參見《新約·馬太福音》（*Gospel According to Matthew*）第 5 章第 38 ～ 48 節和《路加福音》（*Gospel According to Luke*）第 6 章 27 ～ 36 節。

賜福而卻抱怨上帝給予我們的禍事呢？」[033] 把這句話推理到朋友身上，也是這個道理。不可否認，一個人要是念念不忘復仇，他就是不斷地刺傷自己的傷口，使得傷口永遠無法治癒，而那創傷經過長時間的修養本來是可以癒合的。為了公仇而去施行報復行動，這樣多半會給復仇者帶來幸運，如為凱薩大帝（Julius Caesar）的死而報仇，為佩爾蒂納的死而報仇，以及為法王亨利三世的死而報仇等等。[034] 但是，為了私人恩怨而去報仇就不是這樣的情形了；與此相反，想要報私仇的人過的是巫師一般的生活。這種人活著的時候對人是很不利的，死了對自己來說也是不幸的。

---

[033]　參見《舊約·約伯記》（Job）第 2 章第 10 節。

[034]　屋大維（Octavius）是替凱薩復仇的人，塞維魯斯替佩爾蒂納（Pertinax，羅馬皇帝，193 年 1 ～ 3 月在位）復仇，法王亨利四世（Henri IV，亨利三世的妹夫）則替亨利三世（Henri III）復仇

厄運

．．．

　　幸運所生的德行是節制，厄運所生的德行是堅韌。

　　通常人們青睞幸運帶來的好處，然而我們會更加讚嘆厄運帶來的好處，這是塞內卡仿照斯多葛派的風格發表的一個高論。毫無疑問，如果奇蹟就意味著超乎尋常，超越自然，那麼它們大部分都是在厄運中出現的。

　　塞內卡還有一句更為高明的話（這句話是由一個異教徒說出來的，真是太高明了），他說：「一個人如果既具有凡**人的脆弱又具有神靈的超凡，那就是名副其實的偉大。**」這句話要是寫成詩歌或許更妙，因為在詩歌裡，神靈的超凡好像是更為人接受似的，而且詩人們也確實從始至終忙著對它進行刻意描寫；因為古代詩人在那部偉大的傳奇[035]中所想像的東西實際上就是這種超凡的展現，他們的想像深邃而又遠見，而且它所描寫的還很接近基督徒的情形，例如當海克力斯（Heracles）去解救普羅米修斯（Prometheus）時，他坐在一個瓦盆裡渡過了大海，[036]而這恰好是對基督徒堅持不懈

---

[035]　指希臘神話。
[036]　在希臘的神話中，並沒有談及到海克力斯使用瓦盆渡海的情節；但是他在另一項偉大功業的創立過程中曾經使用金盃穿越海洋。

的精神的生動描繪，因為基督徒是乘著脆弱的血肉之舟去橫渡塵世的波瀾。

　　一般說來，幸運所生的德行是節制，厄運所生的德行是堅韌，從道德標準的角度來衡量，堅韌是更為高尚的一種美德。幸運是《舊約》（*The Old Testament*）中的福祉，厄運則是《新約》（*The New Testament*）中的福祉，[037] 後者帶給人們的是來自上帝的浩蕩恩澤並傳達上帝的真誠啟示。但是，在你聆聽《舊約》中大衛王（King David）那柄豎琴的時候，[038] 你也會聽到與歡歌一樣多的哀樂；而且那支聖靈之筆 [039] 在形容所羅門的幸福上比在約伯的苦難上更為細緻用力。幸運中並不是沒有太多的憂患和災難，而厄運中也不缺少些許的安慰和希望。

　　在人們刺繡織錦的過程中，我們可以清楚地看到：在陰沉的背景上安排一種秀麗的圖案，比在鮮豔的背景上安排憂鬱的圖案更為醒目；那就從這眼中的愉悅去推想心中的愉悅吧。毫無疑問，德行就像經過燃燒或壓榨的名貴香料，時間越長，它的香味就越發濃厚；這大概就是幸運最能暴露醜惡的行跡，而厄運最能彰顯高尚的美德的原因吧！

---

[037]　《新約》多次說道：能夠承受苦難就是幸福，尤其是《馬太福音》第 5 章和《路加福音》第 6 章更是把飢餓、悲傷、貧窮以及受到他人的侮辱迫害都當作是一種幸福。

[038]　意思就是當你閱讀《舊約·詩篇》的時候。

[039]　《聖經》作者都是受到神靈的啟示，因此便有了聖靈之筆這一說法。

走運

每一個人都是他命運的設計師。

常常使人走運的習性不外乎兩種：一是少幾分真誠樸
素，一是曾幾分裝聾作啞。

毋庸置疑，外在的偶然因素會影響人的命運，如相貌、
時機、別人的死亡和施展才能的機會等，但人的命運最終還
是掌控在自己的手中。所以，有個詩人說：「**每一個人都是
他命運的設計師。**」[040]

上述的外在原因如果總是經常出現的話，這便是某個人
所做的愚蠢事情，因為它只是造成了另外一個人的時運。眾
所周知，最快捷的成功就是趁著他人的出錯而獲得的成功，
「蛇必須吞噬其他的蛇才能成長為巨龍」。[041]有些優點的確顯
而易見，值得每個知曉它的人稱讚；但是一個人隱蔽的長處
或者一個人表現自己的有效方式，往往才是一個人獲勝的關
鍵法寶。這些方式無法進行準確的描述，更不能相互傳播，

---

[040]　參見普勞圖斯（Plautus）的喜劇《三錢幣》（*Trinummus*）第 2 幕第 2 場第
　　　　34 行。
[041]　這是一句希臘諺語，瑞士博物學家格斯納（Conrad Gesner, 1516-1565）曾經
　　　　在他的著作《動物史》（*History of the Animals*）中引用過。

也許西班牙字眼 disemboltura 可以大概探個究竟：只要一個人沒有褊狹的觀念並且待人處世的態度端正，他頭腦中前進的方向才能和命運之輪的前進方向一致，並同時起步。

正是由於這個原因，李維在形容加圖（Cato）時雖然說：「這個人的體魄強健，心智成熟，因此無論他出生在哪個家庭都會有較好的時運。」[042] 但是，他最後還是發現這個人具有「靈性」。所以，只要一個人睜大眼睛仔細觀察，就能看到命運女神的蹤影；雖然命運女神的一雙眼睛被蒙住 [043]，但是她還是有自己的行蹤的。

命運的軌跡就像是天上的銀河，無數的星星聚集在一起組成了銀河，但是銀河看上去不是分散的星星點點，而是一條完整的光帶；同樣的道理，促使一個人有較好的時運也是由於他身上的小小優點或長處，或者說是一些好的習慣和能力。

人們對於其中的奧妙是想像不到的，但是義大利人卻可以洞察其中的天機。當義大利人談論一個幾乎很少出差錯的幸運兒時，他們一般會說一句：「這個人倒是會幾分裝聾作啞。」而人人都熟知的，**常常使人走運的習性不外乎兩種：一是少幾分真誠樸素，二是會幾分裝聾作啞。**由此可以看

---

[042]　參見李維《羅馬史》第 39 卷第 40 章。加圖出身於農民家庭，在西元前 3 世紀的羅馬時代，這屬於出身低賤的人，只有上升到貴族階層才是走運。

[043]　在西方的繪畫作品中，命運女神的眼睛總是被蒙著的，表示她的公允，不偏不倚，腳踏圓輪象徵著福禍無常，一手拿著豐裕之角，一手不斷拋撒錢幣。

出，那些最為忠君愛國的人很少走運，而且永遠不會走運，因為一個人連自我都不考慮的話，他必然不會只顧自己的利益。[044] 很容易就會得到的幸運，僅僅造就了一批魯莽漢和冒險家；但是經過千辛萬苦才換來的幸運，卻可以成就傑出的人才。

幸運就其本身來說，是應該受到人們的尊敬和崇尚的，即便僅僅是由於尊重她的兩個女兒——「自信」和「聲譽」。自信一直留存在幸運的人心中，而聲譽則保留在知曉幸運者的那些人心裡。智慧的人為了防止他人嫉妒自己的優點，總是習慣於把自己的長處歸因於上帝和命運之神，這樣他們就可以最大限度地發揮他們的優勢了。

另外，神靈的保佑也使得他們的不凡之處得以展現。於是，凱薩曾經在暴風雨中對舵工說：「你的船不僅載著我，還載著我的運氣。」所以，蘇拉（Sulla）寧可把自己稱為「幸運的蘇拉」而不是「偉大的蘇拉」。並且歷代的人們都觀察到，凡是過分把自己的成就歸因於自身聰明才智的人，最後的結局都很不幸。

據史書記載，雅典將軍德謨斯提尼（Demosthenes）每次做政府述職時，總是喜歡說一句：「這次勝利絕不是僅

---

[044]　這篇文章最初寫於 1612 年，這一年培根向詹姆斯一世（James I）討要國務大臣這個職位沒有結果；所以這段文字即使不是由於這件事情而發牢騷，但「極端的忠君愛國的人」也顯然是培根的自我表白。

僅依靠運氣。」結果後來他沒有建過更偉大的功勳。毋庸置疑，有些人的運氣如同荷馬（Homer）的詩歌那樣，而荷馬的詩歌比其他人的都要順暢；普魯塔克（Plutarch）在把阿偈西勞和伊巴密濃達（Epaminondas）的運氣與提摩列昂的運氣作比較的時候，就使用了這個比喻；人與人的運氣不同，這是一件正常的事情，但是運氣也取決於每個人自身，這一點也是明白無誤的。

時機

∙∙

一個人的時運就跟每天的集市行情一樣，只要你在市場多停留一會兒，物價說不定就下跌了；但是它有時經歷過跌宕起伏後又回到了原來的價位。

一個人的時運就跟每天的集市行情一樣，只要你在市場多停留一會兒，物價說不定就下跌了；但是它有時經歷過跌宕起伏後又回到了原來的價位，就像西彼拉（Sibylla）那套預言集 [045]，開始的時候以整套的書卷索要價格，然後燒毀其中的幾卷，最後還是按照原來的價格賣出。因為「她如果給你前額的頭髮，而你卻放棄不抓，那麼最後就只剩下她光禿的後腦勺了」[046]；或者你至少應該知道這句諺語：機不可失，時不再來。因此，在開端時善用時機，再沒有比這種智

[045]　這套預言集又名《西卜林書》（*Sibylline Books*），是古羅馬的一部神諭集，據說由女預言家西彼拉（Sibylla）所作，並且賣給了古羅馬王政時代的第七代王塔奎尼烏斯（Tarquinius，又譯塔昆，約前 534- 前 509）。傳說西彼拉想要賣給國王 9 卷書，並且索要昂貴的價格，但卻遭到了國王的拒絕，於是她便燒毀了其中的 3 卷後再次賣給國王，但是還以原來的價格出售，遭到拒絕後再次燒毀 3 卷，這個時候國王經過占卜師的點化，才知道這書的珍貴，於是按照原來的價格買下剩餘的幾卷，最後藏於卡匹託爾山神廟。

[046]　這個比喻最初見於古羅馬作家加圖（Dionysius Cato，約前 3- 前 4 世紀）的《道德箴言》第 2 卷，Frorite capillata，post haec Occasio calvs 則為後世流傳的拉丁文句，翻譯過來就是：時運女神的前額有美麗秀髮，但是後腦卻是光禿的。

慧更大的了。想要做事的人必須知道，危險如果有一次看來無關緊要，那就不復是無關緊要的了；而騙人的危險比逼迫人的危險要多得多。

此外，對於某些危險，我們最好在它沒有正式出現時就消除它，而不是一直等候其發展到一定程度再去干涉。因為在這個過程中，警惕並監視它的人很有可能會放鬆戒備。相反，由於光線的緣故而被迷惑，以至過早地出擊，或者有所動作才把關鍵人物引誘出來，這些都是另外一種比較極端的情況了。就像前文所說，時機的恰當與否，我們必須審時度勢，既不能急於一時，也不能無所準備。

一般說來，我們每個人做事情，每次最好先觀察仔細，必須在行事之前先派出百眼巨人阿耳戈斯（Argos），百臂巨人布里阿柔斯（Briareos）緊隨其後，這樣可以打探清楚具體情況。有了這些之後，再去採取適當的措施實施。對於智慧的人來說，對事情的祕密協商和迅速果斷出擊如同普路托（Pluto）[047] 那頂隱身的帽子。事情一旦開始著手實施，以最快的速度完成任務就是保密的最好手段；這就像是離開槍膛的子彈，它的速度很快，連眼睛都無法捕捉到其影子。

---

[047]　普路托是指希臘羅馬神話中的冥王。

二　朋友是自己的另一身體

禮節與俗套

　　完全不拘禮節其實就是教別人怠慢自己，或者是說讓別人不必尊重自己。

　　為人處世不拘小節的人必須是身懷大德之人，這就像不用襯箔裝飾的寶石，其本身必須彌足珍貴。但是，如果仔細觀察就會發現，獲得好的聲名如同賺錢盈利；小錢可以經常獲得，但是大利少有所得。同樣的道理，小優點可以獲得大的讚揚，因為其可以天天顯示並引起世人的注意；而大德的展示就像過重大節日一樣少有機會。從中可以看出，要想增添美名只需要注意禮儀小節即可，正如伊莎貝拉女王 [048] 所說：「言談舉止的考究是最好的推薦信，且永不過時。」要想獲得這種推薦信，你只需要對它加以重視並仔細觀察就可以，因為他人的優雅舉止總能引起你的注意留心；此外你還得保持高度的自信。**如果一個人在言談舉止上花費過多的精力和時間，他應有的風度和魅力就會自行消失，因為魅力和風度必須要個人的自然大方才能展現出來。**有的人言談舉止

---

[048]　　卡斯蒂利亞王國女王（Isabella I of Castile, 1474-1504）及阿拉貢王國女王（1479-1504），他們曾經資助哥倫布（Columbus）航海，1479 年竭力促使兩國合併，為統一西班牙奠定了基礎。

非常機械，就像每個音節都經過細細推敲的詩歌一樣；可是如果一個人在細節上過於機械專注，又怎麼能領會更高層次的宏大旨意呢？

完全不拘禮節其實就是教別人怠慢自己，或者是說讓別人不必尊重自己。可見，待人接物還是需要講究一些禮節的，尤其是第一次與人見面或者與講究禮儀的人交往的時刻。但是，過分強調禮節，並將其看得高於一切，不僅使得說話人顯得迂腐可笑，而且還會降低別人對其的信任度。毋庸置疑，禮儀俗套如果用之有方的話，可以收到意想不到的效果，並且使人難以忘懷。如果我們可以找到這種適合的方法，一定可以加強人們之間的相互往來。

同輩之間有些人顯得過分親熱，不妨保持一點矜持或莊重。面對下屬，總會受到應有的尊敬，不妨略微流露出一些隨和。有些人不顧任何場合，一味地講究禮節，這樣顯得自己有些庸俗。對於某人的專注是無可厚非的，但是必須讓對方明白你是出於尊敬而不是出於草率。雖然隨聲附和他人的觀點是一條不錯的規則，但是必須要加上自己的主見；同意他人的見解必須加上自己的一些其他看法，贊同他人的建議必須附上自己的先決條件，而認可他人的計畫則必須提出自己認可的進一步理由。在恭維別人的時候，千萬要注意說話的分寸，否則儘管你沒有其他的缺點，但是嫉妒你的人卻會

說你善於逢場作戲，進而貶低你身上的其他優點。

在處理大事的時候，不要過分囿於舊有的禮節；而在審視機會的時候，不要過於謹慎。因為這兩者在一定程度上都不是最佳的措施。所羅門曾經說道：「總是觀察風向的人難以播種，而總是觀望雲彩的人難以收割。」[049] 聰明的人總是去創造機會而不是尋找機會。一個人的言談舉止，應該像他所穿的衣服一樣，輕便自如即可，不要過分地拘泥講究。

---

[049]　參見《舊約·傳道書》第 11 章第 4 節。

洽談

一般來說，有所要求的洽談對手比沒有任何要求的洽談對手更容易應付。

通常而言，面對面地商量洽談比單純的書信往來要好得多，而由第二個人出來作為代表洽談比本人出面更好。適宜用書面洽談的情況大致有以下三種：當自己的洽談信函可以作為日後的憑證的時候，當某人想得到書面答覆的時候，或者當面談有可能被斷章取義或受到阻攔的時候。適宜當面洽談的情況也大致有三種：當雙方所談的事情比較微妙，必須觀察對方的表情才能知曉說話分寸的時候；當其中某一方的威信令對方大為尊敬的時候；更為普遍的是當一個人想要保留所談內容之否定或解釋權利的時候。

在挑選代表出面洽談的時候，最好選擇那些性格豪爽的人，因為這樣的人一旦受人之託，就會竭盡全力地去行事，會真實地向你反映洽談的結果。千萬不要選擇那些生性狡詐的人作為洽談代表，他們在辦事的過程中，由於代表上等人辦事，因此會故意提高自己的身分；為了博取歡心，他們在彙報洽談結果時總是傾向於報喜不報憂。

　　另外必須注意一點，盡量挑選那些樂意去談你所託之事的人，這樣的話會收到事半功倍的效果；同時所選擇的人也必須適合所託之事。比如，要告誡某人必須挑選勇於說話勇於評論的人，要勸說某人必須挑選注意言談用詞和語氣的人，要詢問某人必須挑選靈活機動的人，而要洽談一件有悖常理的事情則必須挑選那種認死理的人。還應該注意挑選以前，曾經受你之託從事過洽談事務，並且往往在洽談事務中處於上風的人，因為他們在類似的洽談中已經有了經驗，從而更能堅持自己提出的條件。

　　在洽談的時候，最好提前探詢一下對方的意圖，避免直截了當地開門見山，當然如果你想給對方一個意外的話則例外。一般來說，有所要求的洽談對手比沒有任何要求的洽談對手更容易應付。如果一個人已經與對方達成了協定，那麼最重要的問題就成為誰先履行協定了。而要合理地要求對方先履行協定義務，必須具備以下三個條件：一是對方先履行義務是這個協定的題中之意；二是一定要使得對方相信，在其他事務上還需要與你進行合作；三是一定要證明自己是最講信用的人。

　　仔細觀察對方並利用對方是洽談的全部策略技巧。在受人信任的時候、興奮激動的時候、防範不周的時候、情勢緊急的時候，或者一直想做某事但是卻找不到合適藉口時，人

們最容易暴露自己。如果你想控制對方,在洽談中位於上風的地位,那麼你必須了解對方的習慣愛好從而加以引導,或者掌握對方的意圖從而加以誘惑,或者了解對方的弱點缺陷從而加以脅迫,或者知曉能夠影響對方的人或者事情,從而對其加以控制。與狡詐的人洽談,必須了解他的真實目的,從而有效理解他的話語。記住不要在這種人面前多說話,而且說的話盡量要出其不意。在洽談遇到僵局的時候,千萬不要急於一時,倉促做出決定;這個時候應該重新整理思路,為新的一輪洽談做好準備,以便達成協定的時機逐漸到來。

偽裝與掩飾

掩飾只不過是一種臨時性的策略或圓滑的計謀。因為要知道何時當說真話，何時當行真事，需要敏銳的頭腦和堅毅的個性。

掩飾只不過是一種臨時性的策略或圓滑的計謀。因為要知道何時當說真話，何時當行真事，需要敏銳的頭腦和堅毅的個性。因此，比較懦弱的一類政治家通常都是善於掩飾和偽裝的人。

塔西佗說：「莉維亞既有她丈夫的雄才大略，也有她兒子的虛偽城府；奧古斯都是她才略智謀的來源，提比略則為她提供掩人耳目的本事。」塔氏繼續寫道，穆奇阿努斯勸維斯帕先起兵反維特里烏斯（Vitellius）時曾說：「我們要面對的既不是奧古斯都的那種明察的判斷力，也不是提比略的那種諱莫如深的謹慎。」[050] 這些特質 ── 權謀或策略與掩飾或隱祕 ── 確實是不同的習性和能力，並且是應當辨別的。因為假如一個人有那種明察的能力，能夠看得出某事應當公開，某事應當隱祕，某事應當在半明半暗之中微露，並且看

---

[050]　參見塔西佗《編年史》（*Annals*）第 5 卷第 1 章和《歷史》第 2 卷第 76 章。

得出這事或隱或現應當是對什麼人，在什麼時候（這正是塔西佗所謂的治國與處世的要術），那麼掩飾偽裝對於他這樣一個人來說，就是阻礙和弱點了。

但是假如一個人達不到那種明察的能力，那麼他就不得不故作姿態，隱藏得很深；因為一個人在不能隨機應變有所選擇的時候，最好是採取這種往往都萬無一失的策略，這就好比視力不好的人走路是輕而且慢的一樣。毫無疑問，從古至今的英雄豪傑為人處世都坦蕩磊落，都有恪守信用的名譽；然而他們就像訓練有素的駿馬一樣，知道什麼時候應該停步，什麼時候應當轉彎；正是由於他們的這種品性，使得他們認為某些事情必須隱瞞並真的將事情隱瞞後，他們一般都能隱瞞得很好而不被人發現。由於他們真誠守信的名聲早已為人所知，所以即便他們真有欺騙隱瞞的話，人們也是不會懷疑的。

這種自我掩飾的策略有上中下三個等級：上策是隱祕、緘默和嚴守祕密，就是一個人不讓別人有機會看出或推測出他的為人。中策是消極的掩飾，就是一個人故意露出跡象端倪，使得別人錯誤地認為他的真正為人，以真為假。下策是積極的作偽，就是一個人有意並且煞費苦心地裝出他實際並不是的那種為人。

說到上策──隱祕，這真是傾聽懺悔的神父的美德；對

祕密嚴格保守的神父的確會聽到許多人的真心懺悔，因為誰
會願意向不守祕密的俗人傾訴衷腸呢？但是如果一個人被認
為嚴守祕密，他就會吸引其他的人來向他傾訴，就像屋子裡
的熱空氣會吸引屋子外面的冷空氣一樣；而這種傾訴就像懺
悔，只會使傾訴者的心理得以釋懷，而不會被其他的人們利
用，所以嚴守祕密的人常常能以這種方式探聽到許多情況，
儘管大多數人喜歡宣洩心事而不樂於增加心事或隱私。簡而
言之，能夠嚴守祕密，這才有權知道他人的祕密。

　　另外（實話實說），裸露總是不恰當的，無論是在精神
方面，還是在肉體方面；而如果一個人的行為舉止不完全暴
露，他便增加了不少尊嚴。至於那些愛喋喋不休的非議者，
他們都既喜歡虛榮又愛慕輕信，因為那些喜歡談論自己所知
道的東西的人，也往往非常樂意談論自己所不知道的東西。
因此，下面這句話就顯得十分有道理，那就是：「守口如瓶
既是一個人處世修身的策略，又是一個人的道德品行。」一
個人的自我可以由臉部的症狀而看出來，這是一個大弱點、
大漏洞；這弱點和漏洞越大，人的面容表情比語言就越引人
注意並使人深信不疑。

　　說到中策，也就是掩飾，這種策略常常不可避免地用在
有祕密需要保守的時候；所以換句話說，一個人如果要隱
祕，他就不得不在某種程度上做一個掩飾的人。因為一般的

人都是狡黠得斷不能允許一個人在坦白與掩飾之間保持一種中立的態度，並且實際隱祕而表面上不偏向任何一方的。這樣的人，人們一定會用問題包圍他，設法引誘他，並且探出他的口氣。所以除非他有一種一概不理的沉默，否則他就不免要暴露他是傾向於哪一方的；或者即便他自己沒有任何表示，那些人也會從他的沉默中推測出來，就像他自己說了一樣。至於模稜兩可，含糊其辭的話，那是不能持久的。所以沒有人能夠隱祕，除非他給自己留一點掩飾的餘地；掩飾可以說僅僅是隱祕的一層外衣。

但是說到下策，那就是弄虛作假，喬裝打扮。我一度認為，除非在某些重大與稀有的事件之中，犯罪性質是多於計謀性質的。因此，一種普遍的弄虛作假是一種惡劣的品行。這種惡行的養成或是由於天生的虛偽導致，或是由於生性懦弱引起的，還有一種情況就是由於心中有鬼。而由於不得不掩飾這些弱點，掩飾者便會在其他事情上也弄虛作假，害怕自身的作假技術日漸荒廢。

偽裝掩飾有三個好處：第一個好處是可以使對手麻痺大意，思想放鬆警惕，然後趁他不注意的時候出擊從而戰勝他，因為一個人的意向如果公開，那就等於一聲喚起一切敵人的注意；第二個好處是可以為掩飾者留下一條安全的退路，因為一個人如果明確地宣布要做什麼事情，那麼他就必

須履行諾言，將這件事做到底，不然就會被對手推翻；第三個好處是可以更好地來看破別人的心思，因為對一個暴露自己的人，別人是不會公開反對他的，他們乾脆讓他繼續說下去，而把他們自己言論的自由變為思想的自由。

因此西班牙人有句經典的諺語「說謊話可以發現一件真實的事情」；這樣看來，好像掩飾偽裝成了發現真實情況的唯一手段。與此對應，偽裝掩飾也有三種害處：第一，偽裝掩飾平常總帶著一種畏怯的模樣，而這種恐懼的態度在任何事件之中，都或多或少地阻礙掩飾的人達到他心中的目標。第二，偽裝掩飾使許多人心中迷惘，莫名其妙，因此使得作偽裝掩飾的人失去原本可以與他合作的朋友，最後單槍匹馬地去達到他自己的目的。第三種是最大的害處，就是掩飾會剝奪一個人做事的主要工具 —— 信任。因此，最完善的人品素質必須具備真誠守信的名聲、嚴守祕密的習慣、適當的掩飾以及在萬不得已的情況下才使用的偽裝能力。

嫉妒

愛情和嫉妒這兩種情感不僅能夠激起強烈的慾望，而且還能迅速轉化成聯想和幻覺。

大部分人都可以觀察到，愛情和嫉妒是人的各種情慾中最令人神魂顛倒的了，除此之外，沒有其他的能與這兩種情慾相提並論。愛情和嫉妒這兩種情感不僅能夠激起強烈的慾望，而且還能迅速轉化成聯想和幻覺。這樣一來，它們就很容易進入人們的視野中，尤其是在那些被愛和被嫉妒的人身上總會找到它們的影子。如果世界上存在誘惑猜忌的話，這可能就是人們之間相互誘惑猜忌的起源吧。

我們耳熟能詳的《聖經》把嫉妒稱為「毒眼」，[051] 江湖上的占星術士們則把不吉之星力叫做「凶象」，[052] 結果使得人們直到今天還認為，當嫉妒的行為發生時，嫉妒者的眼睛會變紅。更為有意思的是，有的人居然觀察得深刻入微，注意到嫉妒者的紅眼在被嫉妒者春風得意或者躊躇滿志的時候

---

[051]　參見《新約·馬太福音》第 7 章第 22 節。

[052]　原文均用 evil 表示凶象的「凶」和毒眼的「毒」，其音形均與 envy（嫉妒）相近。另外，「星力」是一個占星學術語，古代的占星學認為，如果天體之間的位置不同就會產生或凶或吉的力量，這種力量會影響人事禍福。

殺傷力最強，因為被嫉妒者的得意之態已經強烈地引起了嫉妒之火的燃燒。而此刻，被嫉妒者的情緒也是最為高漲的時候，而他最容易受到嫉妒者的打擊也就毫不為奇了。

我們現在先不理會這些奧妙之處（雖說這些奧妙之處值得我們在適當的場合考慮考慮），在這裡先探討一下哪些人喜歡嫉妒他人，哪些人會容易遭到他人的嫉妒，以及大眾的嫉妒和個人間的嫉妒有什麼不同。

無德之人常常嫉妒有德之人。因為人心的滋養要麼靠自身的善性，要麼靠他人的惡性。而當自身沒有善性可以滋養人心的時候，就需要他人的惡性來滋養人心了。所以，如果一個人的修養沒有達到他人的道德境界，那麼他就要想方設法來貶低他人以求得自己內心的平衡。

不務正業、好管閒事並且喜歡打聽別人隱私的人，通常是極其具有嫉妒心的。因為費盡心思地去打探別人的隱私，絕不是由於那些事情與自己有利害關係，所以他們在這麼費力的過程中可以得到觀看戲劇般的快樂感受。還有一個原因就是，嫉妒是一種放蕩不羈的情感，它總是在街頭巷尾遊蕩，而不肯老老實實地待在家裡。對於一心只關心自己事情的人來說，嫉妒是不可能存在的。所以，古代的智人說道：「喜歡管閒事的人一定沒安什麼好心。」

出身高貴的人在新人升官加爵的時候容易產生嫉妒的情

緒，因為他與新人之間的差距縮短，而這往往造成了一種視覺上的錯覺，他會認為自己的地位無形當中是在下降了。

宦官、老人、殘疾的人和私生子都是喜歡嫉妒的人，因為他們沒有辦法彌補自身存在的缺陷，於是他們便想方設法地給他人造成一些缺陷，來使自己內心得到平衡。不過，上述這些人中，如果有志於改變自身固有的缺陷並使之轉化為榮譽的一部分，那就另當別論了。這樣人們會說：某某宦官或者殘疾人居然做出了這樣的大事，就像宦官納西斯以及瘸子阿偈西勞和帖木兒經過不懈的努力獲得奇蹟般的榮譽一樣。[053]

同樣，在經過大苦大難之後升遷的人也喜歡嫉妒，因為他們總是停留在時代的後面，並認為他人受到了傷害那是對自己曾經受到的苦難的最好補償。

那些無視自身的輕佻和自負卻幻想在眾多的事業中都超越他人的人總是心懷嫉妒，因為在他們的周圍有太多引起他們嫉妒情緒的對象，在他們幻想成功超越他人的某一方面，有很多人是遠遠勝過他們的。這樣一來，他們的嫉妒情緒就更加強烈了。於是我們就可以更好地理解羅馬皇帝哈德良（Hadrian）的特性了，他擅長詩畫和工藝，因而他也非常嫉

---

[053]　納西斯（Narses，480-574），拜占庭帝國的將軍，出身於一個宦官家庭，一生戰功赫赫；阿偈西勞（Agesilaus，約前444 前360）是斯巴達國王，有「跛腳國王」的稱號；而被稱為「一代天驕」的帖木兒（Timur Lang）在波斯語中的意思就是「跛子帖木兒」。

妒真正的詩人、畫家和技師。

最後還有一種人也喜歡嫉妒，那就是同一家族的親友、官場上的同級幕僚和年少時的夥伴。這些人自認為與平輩們相差無幾，因此平輩們的突然升遷會經常性地進入他們的記憶之中，使得他們對自己的身分不斷否定，對自己不斷指責，而嫉妒恰在此時就悄然而生。如果平輩們的升遷能引起更多的旁人關注的話，那麼旁人這種肆無忌憚的宣揚傳播會更加助長嫉妒者的嫉妒情緒。上帝選中亞伯（Abel）的供奉時，除了該隱（Cain）外沒有旁人看見，因此該隱對亞伯的嫉妒就更為卑鄙惡劣。[054] 以上是關於嫉妒者的論述，暫且說到這裡。

接下來，說說那些時不時會遭到嫉妒的人們的情況。首先，德行高的人進入老年之後，很少會有人嫉妒他。因為他的成功和幸運是源於自己曾經的不懈努力奮鬥，因此他的報償是應得的；人們通常對應得的報償很少嫉妒，只嫉妒那些過於豐富的獎賞和施捨。

其次，嫉妒經常在與人攀比的過程中產生，如果沒有攀比的話也就沒有嫉妒了。因此，君王是不會被人嫉妒的，除非嫉妒者本人也是君王。此外，身分卑微的人在剛剛發跡的

---

[054]　根據《舊約·創世記》（Genesis）第 4 章的記載，亞當和夏娃生有兩個兒子，大兒子該隱種地，二兒子亞伯牧羊。這兩個人都貢獻自己的產物給上帝，上帝收取了亞伯的供奉，該隱心生嫉妒，於是就殺死了自己弟弟。

時候往往最容易遭人嫉妒，不過隨著時間的推移，嫉妒他的人會越來越少。但是，與此相反，品行優異的人在他們好運不斷的時候遭到的嫉妒最為嚴重，因為這個時候他們的優點雖然和從前一樣，但是後起的新秀們不斷湧現使得他們失去了往日璀璨奪目的光芒。

出身貴族的人在升遷時很少遭人嫉妒，因為在世人看來那是他出身高貴的必然結果，而且這種升遷似乎不會給他帶來額外的好處。嫉妒的情緒就像是陽光一樣，它照射在陡岩峭壁上比照射在平地上更讓人感到悶熱；和這個道理相似，突然升遷並且一蹴而就，位於貴族行列的人，比那些慢慢高升的人更容易遭到他人的嫉妒。

那些一直把自己的成就與辛苦勞作、擔驚受怕或者巨大風險連在一起的人，很少成為嫉妒的對象，因為人們覺得他們的地位和成就是打拚得來的，十分不容易，甚至有時候人們還會可憐他們，而這種憐憫之情恰好是治癒嫉妒的良藥。因此，你時不時地會看到，一些深謀遠慮的政客在功名顯赫的時候總是喜歡在眾人面前訴說自己的苦衷，說自己的生活是如何勞累和辛苦。

其實，他們並不是真的會有那種感受，只是想透過這種訴苦來減輕別人對他們的嫉妒罷了。不過人們對那種奉命辦事的辛苦勞作深表理解，反而對沒事找事的忙碌嗤之以鼻，

因為最讓人嫉妒的，就是那種沒有任何必要而有所企圖的阿諛逢迎；所以，對於身居高位的人來說，消除下屬之間嫉妒的最好方法就是維持和保護他們的地位，並使他們享有充分的權利。這樣，透過這種方法，就在自己與嫉妒之間建築起一道堅實的屏障。

由於短時間內的大富大貴而不可一世的人，最容易遭受妒忌。這些人總要表現自己的偉大 —— 或以外表的烜赫，或以克服一切的反對與競爭 —— 才覺得滿意。而聰明的人寧可自己吃點虧而給嫉妒的人一點小實惠，在與自己關係不大的事情上多謙讓對手。但是儘管這樣，下面的這些事實仍然是真實存在的：如果坦率真誠中沒有自大與高傲的成分，那麼用坦率真誠的態度對待富貴，比用虛偽奸詐的態度更不容易遭人嫉妒。因為在後一種舉止裡，一個人簡直是表明他不配享受那種幸福，並且還好像明白自己無價值似的，這樣的話他無疑是在點燃他人的嫉妒之火。

最後再重複幾句來結束這部分的論述。正如本文開篇所說，嫉妒行為含有巫術的成分，因此治療嫉妒的最好方法也就是治療巫術的方法，這就不需要所謂的「符咒」來貼在別人的頭上了。鑒於此，有些智慧的大人物為了減少別人對他的嫉妒，他就想方設法找個替身在某些場合露面。於是，原本降臨到他身上的嫉妒便轉移到替身身上。這種替身有時是

侍從僕人，有時是同級的幕僚或者諸如此類的人等等。只要能獲得意外的權力和地位，總是有一些甘願冒險的野心家願意做這種替身，甚至不惜付出任何代價。

現在來談談大眾的嫉妒。雖然說個人間的嫉妒害處遠遠大於用處，但是大眾的嫉妒卻還多少有一些好處。因為它就像希臘式的流刑 [055]，可以有效地剷除那些位高而又專權的人。由此可見，大眾的嫉妒對其他大人物確實是一種制約，可使他們循規蹈矩，不超越權力的範圍。這種大眾的嫉妒在拉丁語中寫作「invidia」，在現代語言中又叫「不滿情緒」。這是國家中的一種疾病，就像染毒一樣。正如病毒可以傳染到本來健全的部分並使之得病一樣，在國家的公民中如果產生了嫉妒，他們會反對一切合理的國家行為，並認為這些行為是罪大惡極的。而此時任何籠絡民心的措施都是沒有用處的，因為這種辦法只不過是表現出一種懦弱，一種對嫉妒的畏懼，這種畏懼對於國家更為不利。這正像各種傳染病一樣，你要是越怕它，它就越要找上門來。

這種大眾的嫉妒好像是針對位高權重的大臣而發的，不是針對君王和國家本身。但有一點是確鑿無疑的，那就是如果大眾強烈地嫉妒某位並沒有什麼重大過失的大臣，或者是

---

[055] 又稱為「貝殼放逐法」，這是古希臘的一種政治措施。公民把自己認為可能危及國家民主制度的人的名字寫在陶瓷片或者貝殼上面，然後進行全民投票，記名超過半數的人將會被放逐國外，長達 10 年。有些人曾經利用這種辦法排擠他人，一些優秀的政治家和將軍也曾經被放逐過。

一國的所有大臣都遭到了大眾的嫉妒，那麼嫉妒的矛頭實際上就是針對國家本身了。以上論述說的就是大眾的嫉妒或者大眾的不滿，以及它與個人間的嫉妒有什麼不同，而關於它們之間的不同前文已經論述過了。

　　關於嫉妒之情，最後再補充幾句。在人類的所有情感中，嫉妒是一種最捉摸不定的感情了，因為它沒有特定的時間場合，總是在不經意間出現；而其他情感則與之相反。所以，古代的智人說得好：「嫉妒從不停止，因為它總在某些人的心中做鬼。」人們還應當注意到，由於愛情和嫉妒是如此地持續不斷，所以它們會使人慢慢地變得消瘦，而其他的感情沒有這種效果。同時，嫉妒也是最為卑鄙和墮落的一種感情，於是它成了魔鬼的固有特性；而魔鬼就是那個在深夜向麥田撒播稗種的嫉妒者 [056]。這正像嫉妒行為所發生的那樣，它總是在黑暗中耍計施策，在不知不覺中損害麥黍之類的美好生靈。

---

[056]　參見《新約·馬太福音》第 13 章第 25 節，但是這一節中原文並沒有「嫉妒者」的字樣。

狡詐

　　智者的聰慧在於明白其中的道理，而愚者的蠢笨在於欺
詐他人。

　　狡詐，這是一種較為邪惡的智慧。聰明的人與狡詐的
人，他們之間存在著巨大的差異，對於這一點，我們從不懷
疑。他們之間的差別不僅僅在於誠實，更在於他們做事的能
力。那些經常在賭局上做小動作的人，在打牌的技術上從來
不是高手；而在官場上善於拉攏人心、到處遊說的人，除了
這點能耐之外，就沒有其他的本領了。

　　人情世故是一回事，而善於觀察周圍的世界卻是另一回
事。有許多揣摩別人脾氣揣摩得十分周到的人，在真正辦事
上卻不怎麼能幹；一個對於人的研究比對於書的研究要多的
人的性質，就是如此。這樣的人較適於陰謀而不適於議論，
而且他們唯有在熟悉的方面是好的。如果他們在不熟悉的陌
生人中間的話，恐怕就會迷失方向，發揮不了自己的特長。
所以，阿瑞斯提普斯[057]曾經的那句話 —— 「如果把兩個人

---

[057]　阿瑞斯提普斯（Aristippus，約前 435- 前 356），昔勒尼學派創始人，古希臘
　　　哲學家。

孤立地安置在一群陌生的人中間，那麼你就很快發現他們
當中哪一個比較聰明，哪一個比較愚鈍了」——對他們這
種人來說很適合。一般來說，這些狡詐的人的行為與大街上
的小商販們比較相似，因此不妨看看他們的店裡究竟有什麼
貨色。

　　狡詐的第一個要點是，與人說話的時候，時刻注意觀察
對方的語氣和臉色，就像耶穌會的教士們在他們的戒律中規
定的那樣，[058] 這是由於大部分聰明的人雖然心裡能保守住祕
密，但是他們的表情卻無意間出賣了他們。不過，就像耶穌
會的教士所做的那樣，在檢視對方的臉色和語氣時，眼中流
露出的目光必須讓對方看起來是畢恭畢敬的。

　　狡詐的另外一個要點是，你如果想要獲得某個事物，或
者想要解決某個問題而不得不央求別人時，最好的辦法是先
東拉西扯地說一番讚揚他的話，然後再提出你的請求，這樣
可以避免他因為清醒而當面拒絕你的要求。我以前認識一位
樞密院顧問兼國務大臣，每次去見伊麗莎白女王，請求她簽
署檔案之前，總是先與女王談論一番國家大事，這樣一來，
女王就不會過多地注意她將要簽署的檔案。

[058]　耶穌會是天主教的一個主要修會，由西班牙貴族羅耀拉（Loyola, 1491-
　　　　1556）1534 年建立於巴黎，目的是重振天主教會，反對宗教改革，維護教
　　　　皇的權威，其行動的信條是為了達到前述的目的可以不擇手段。該會的會士
　　　　一般不住僧院，不穿教服，而是以各種職業為掩護從事各種陰謀活動，在廣
　　　　泛接觸社會的同時，甚至暗殺不與教皇合作的政界要人，因此 Jesuit（耶穌
　　　　會會士）一詞在英語中又有虛偽者、陰謀家和狡詐者等含義。

與上一點相似，在某人十分繁忙的時刻，你可以毫不顧忌地提出你的請求，這個時候他是沒有工夫對你的請求認真考慮的。如果某人即將提出某項提案，這個提案的論證依據非常充分，它被通過的可能性很大，而你對此持反對意見，那麼你必須先裝出一副十分贊同欣賞的樣子，而後在會議上自己可以使用一種能使它被否決的方式主動提出這項提案。

正想要說某件事，剛說了半截又戛然而止，好像你突然意識到了自己失言，這樣的情景往往會引起那些與你交談的人的興趣，他們會更加想要知道你所說的事情。

當人家以為某種話是從你那裡問出來的，而不是你自己樂意告訴的時候，這種話是比較有效的。因此，你可以為他人的問題設下釣餌，其方法就是裝出一副與常日不同的臉色，這樣別人就會問你臉色為什麼發生變化，就像尼希米（Nehemiah）當年那樣：「我向來在國王面前是沒有愁容的。」[059]

在難言與不快的事情上，最好是讓那言語沒什麼大價值的人先開口，然後再讓那說話有力量的人裝作偶然進來的樣子，這樣的話，就可以使當事人對別人所說的事情向你提問，以證實前者所說的話；當年納爾奇蘇斯就曾經用過這種

---

[059]　參見《舊約·尼希米記》（Nehemiah），在波斯宮廷的流亡的猶太領袖尼希米想要重回耶路撒冷，而當時的耶路撒冷被巴比倫毀滅，因此他在波斯王的面前總是愁眉苦臉，使得波斯王向他發問，說明一切情況之後便得到應允，回到了故地，重建耶路撒冷城。

方法向克勞狄（Claudius）報告梅薩麗娜（Messalina）和西利烏斯（Silius）的婚事。[060] 在有些事件上如果有一個人不願意把自己攪和在裡面的話，一種狡猾的辦法就是借用世人的名義，這時你可以說「四處都在傳聞……」，或者說「大家都在議論……」

我以前就認識這樣一個人，他寫信的時候總是要把最重要的事情寫在書信的末尾作為附言，好像這件事是被他捎帶提及似的。

我還認識一個人，他每次講話時總是先講一大堆題外話，等到快結束了，他才談到正題，就好像這件事是差點忘記，只是突然想起才被提出來的。

還有些人總是在期盼已久的客人到來時，假裝十分意外的樣子，就好像客人事先沒有約定而意外到來。這時，他們要麼正在做一件他們很少做的事情，要麼是手裡攢著一封書信，其目的就是想引起客人的好奇，使得客人主動地詢問他們本來就想說的事情。

狡詐還有一個要點，就是讓自己故意在某些人面前說一些話，這樣好讓他們撿到話題去傳播，從而達到自己預想的

---

[060]　根據塔西佗《編年史》第 11 卷第 29 ～ 30 章記載，羅馬皇帝克勞狄（在位期：41-51）的第三任妻子梅薩麗娜與情夫西利烏斯祕密舉行了婚禮，當時的納爾奇蘇斯只是一名以釋放奴身分任皇帝祕書的小人物，他設法說服了宮中兩名女人向皇帝通風，然後再找機會向皇帝仔細陳述，結果皇帝處死了梅薩麗娜。（可以參見商務版《羅馬十二帝王傳》中之《克勞狄傳》）

效果或目的。我認識兩位伊麗莎白時代的舊同僚,他們為了國務大臣的職位而相爭不下,但是彼此之間卻仍然保持往來,而且他們還常常就國務大臣的職位一事交換意見。其中一個人說,當下是一個王權日漸衰落的時期,作為大臣需要更多的精力去應對棘手的事務,他一點兒都不想蹚這渾水。另一位立刻撿起這個話題,並對他周圍的人說,他並不想在這種王權衰落的時代去當一個大臣,這可是一件苦差事。於是,原先說這話的人抓住時機,想方設法使得這些話傳到了女王那裡。女王對「王權衰落」這四個字大為惱火,從此以後她再也不理會另一個人的任何請求了。

另外,還有一種狡詐,被英國人稱之為「鍋裡翻餅」。其做法就是一個人把他對另一個人要說的話顛倒過來,說成是另外一個人對他所說的話。但是說句實話,既然只有那兩個人才知道整個事情的來龍去脈,所以最後的真相也只有他們自己清楚,旁人是無法分辨哪一個人的話是真話。

有些人有一種方法,就是以否認的口吻自解,從而影射他人,誘導他人做出對自身處境不利的事情;這就好像說「這樣的事情換成我,我是堅決不會做的」。當年提格利努斯替布魯斯說話時,使用的就是這種方式:「他對陛下忠心耿

耿，只是一心想確保皇上的安全。」[061]

　　有些人平時累積了很多奇聞趣談，無論什麼時候他都可以隨手拈來，用來影射他想要表達的東西。這樣一來，由於他的話披上了一層富有魅力的外衣，因而既可以保護自己不得罪他人，又可以使得聽到這話的人很樂意去傳播它。如果可以在自己的談話和語氣中展現出自己所想要的答案，這也算是狡詐的一個招數了，因為這樣可以減少回應請求的人的困惑。

　　有些人在說想要說的事情之前，拖延很長的時間，繞很大的彎，東拉西扯很多無關的東西，讓人感到匪夷所思。然而，這樣做往往總能達到預期的效果，儘管這需要很大的耐心。

　　在人們沒有防備的時候突然向他發問，這個時候往往使得對方來不及思考，很容易就暴露了我們想要的問題。這就像有一個已經隱匿真實姓名的人在聖保羅教堂散步[062]，而另一個人突然在後面喊他的真實姓名，他肯定會回頭看一樣。

　　像這樣狡詐的招數真是數不勝數，如果能把它的所有招數都羅列出來，那真是一件功德無量的事業。因為對於國家

---

[061]　布魯斯（Burrhus）是羅馬禁衛軍的統帥，曾經與塞內卡一起當過尼祿的老師。尼祿驕奢淫逸，昏庸無道，布魯斯曾經多次勸說他要改邪歸正，棄惡揚善，結果後來被尼祿毒死（參見商務版《羅馬十二帝王傳》第 249 頁）；提格利努斯（Tigellinus）是尼祿的寵臣，這裡所說的他坑害布魯斯的事情可以參見塔西佗《編年史》第 14 卷第 59 章。

[062]　在培根時代，倫敦的聖保羅大教堂是一個聚會、散步和談生意的好去處。

來說，還有什麼比把狡詐的人當作智慧賢德的人而加以重用更危險的呢？

有一點我們不用懷疑，那就是有些人不知道事物興衰的起因和緣由，而只知道事物興起和衰落的表面現象。這就像是一座房子沒有一個正式的房間，卻只有一些簡單的樓梯和門戶。所以，人們都可以看到，這些狡詐的人在事件的決議中也許可以找出許多取巧規避的漏洞來，但是他們自身卻沒有審時度勢的能力。然而，他們往往由於自身的無能卻得到額外的好處，經常被認為是治理國家、安撫民眾的菁英。有些人平步青雲，與其說是靠著自己的實力逐漸增強，倒不如說是依賴攀關係而上升到高位的；或者就像上文所說的那樣，是靠欺世盜名的手段所致。然而，所羅門有句話說得好：「智者的聰慧在於明白其中的道理，而愚者的蠢笨在於欺詐他人。」[063]

---

[063]　參見《舊約·箴言》第 14 章第 8 節。

友誼

朋友是自己的另一身體。

喜歡孤獨的人不是野獸就是神靈。

喜歡孤獨的人不是野獸就是神靈[064]，也許說這句名言的人自己也無法透過其他的言辭巧妙地混淆真理與謬誤。人們對社會中存在的醜惡現象而流露出的厭惡中也許夾雜著一些獸性，但是如果說這其中也有神性的話，則是大錯特錯了，除非人們一心嚮往孤獨，憧憬一種更崇高的生活。這種更崇高的追求在傳說中的異教徒那裡多有展現，比如克里特島人埃庇米尼得斯、古羅馬國王努馬、西西里島人恩培多克勒和蒂爾那人阿波羅尼烏斯，[065] 在現實中也不乏在教會中的眾多神父和古代的隱士身上有所展現。

但是，普通的民眾一般不知道什麼是孤獨，也不知道這

---

[064] 參見亞里斯多德《政治學》（*Politics*）第 1 章第 2 節。

[065] 埃庇米尼得斯（Epimenides）是西元前 6 世紀希臘的詩人、哲學家，傳說他曾經在洞中睡了一覺，長達 57 年；努馬（Numa Pompillus）是古羅馬王政時代的第二代國王（在位期；前 715- 前 673），傳說他曾經在一個山洞裡受仙女埃吉麗亞的教誨，後來便創立了各種宗教曆法和宗教禮儀；恩培多克勒（Empedocles，約前 490- 前 430）是古希臘哲學家，傳說他跳進了埃特納火山口而死，這樣做就是為了讓人們相信他是神；阿波羅尼烏斯（Apollonius）在土耳其蒂爾那（Tyana）出生，關於他有許多奇蹟般的傳說。他曾經周遊各個國家，後來在希臘定居，是 1 世紀的哲學家。

種孤獨可以延伸多廣；實際上，在沒有愛情的地方，擁擠的人群裡並沒有各自的伴侶，眾多的臉孔無非就是一條畫廊，而相互之間的交談也只不過像是樂器發出聲音而已。這樣的場景，曾經有句拉丁格言可以描繪：一座城市就是一片荒涼的原野。由於城市的巨大結構，朋友們身處不同的地方，平時幾乎見不到面，因此很多人找不到像小鎮上那樣親密無間的友誼。但是我可以更明確地斷言，如果沒有真正的友誼，那麼這個世界只是一片荒涼的原野；如果沒有真正的朋友，那麼這才是純粹而徹底的孤獨。在這樣的荒涼原野上，如果有人天生就沒有結交朋友的慾望，那麼他的天性無疑只能源於獸類而非人類。

友誼有一個主要作用，那就是可以宣洩積壓已久的情感，從而使心情舒暢。喜怒哀樂的長期積壓可以使得情感飽和，欲向外發洩。人們都知道滯痾鬱疾對人的身體十分有害，然而情感的積壓也是這個道理。人們用鐵質丸浚脾，用菝葜劑舒肝，用海狸香通腦，用硫黃粉宣肺；但是除非有真正的朋友，世界上恐怕沒有人能夠治療心病。只有和知心的朋友傾訴，人們才會把各種積壓在心頭的感情 —— 憂傷、快樂、恐懼、希望、忠告等等抒發出來，這就像是在教堂門外的衷心懺悔。

假如你知道國王君主們是如何重視我的這番言論，你一

定會感到無比驚奇。因為他們對友誼的重視程度，使得他們往往忘記了自己的身分和安全。考慮到國王與大臣們之間的地位差別很大，他們之間原本是沒有任何友誼可言的。當然如果國王把大臣的地位提高到與自己平起平坐的程度，那就另當別論。不過，這樣的做法通常會導致很多麻煩。這種人在現代的語言中被稱為寵信或親信，就好像他們的地位升遷是由於國王的寵幸或者與國王的交往密切所致。

然而在古羅馬語中，這種人被稱為「分擔憂愁的人」，這個名稱倒是說出了他們地位升遷的緣由和自身的作用。人們還可以清楚地看到，有些國王懦弱無能、多愁善感，於是他們總是喜歡與臣子們結成莫逆之交；但是還有一些懷有雄韜大略、能建功立業的帝王們，他們也經常與大臣們來往密切，以朋友相稱，甚至在某些場合也允許其他人以同樣的方式與他們交往。

蘇拉統治羅馬的時候，一度不斷提升龐培（Pompey）的地位，後來甚至授予他「偉大的人」的稱號，結果龐培自誇已經超越了蘇拉。有一次，龐培置蘇拉的好惡於不顧，堅決讓自己的一個朋友做執政官。蘇拉對於他的這種做法十分不滿，就開始用君王的口氣對他說話。可是沒想到龐培竟然公開對蘇拉發怒，並命令他不要再提這件事。不禁讓人想起蘇拉曾對龐培說過的那句話，畢竟「與讚美落日的人相比，崇

拜朝陽的人比前者更多」。[066]

德西摩斯‧布魯圖斯（Decimus Brutus）也曾獲得過可以對凱薩（Caesar）施加影響的能力，甚至凱薩在他的遺囑中明確指定布魯圖斯是在甥外孫之後的第二順序繼承人。但是，也是布魯圖斯把凱薩引向了死亡之路。凱薩顧及一些不祥之兆，尤其是考慮到了妻子的噩夢，於是便決定取消那次元老會議。這個時候，布魯圖斯挽住了凱薩的手，並把他從椅了上拉了起來；與此同時布魯圖斯說他不希望凱薩讓元老們失望，更不想看到只有等凱薩的妻子做了美夢之後才召開元老會議[067]。這一舉動充分展現了他獲得的寵幸是多麼深厚，就像西塞羅引述一封安東尼的信所說的那樣，凱薩被巫師般的布魯圖斯徹底迷惑了。奧古斯都曾經不斷提拔阿格里巴[068]的職位，使其從身分卑微的普通人一直上升到高位。後來，奧古斯都就女兒尤麗婭的婚事詢問瑪塞納斯[069]，後者直接說道：「既然他的地位這麼顯赫，你要是不把女兒許配給他，就只能殺掉他，除此之外沒有其他的辦法。」

---

[066]　這句話是西元前 81 年龐培率領軍隊從非洲回到羅馬後，強迫蘇拉為他舉行凱旋儀式時所說的。

[067]　凱薩遇刺前的詳情可以參閱商務印書館 1995 年版的《羅馬十二帝王傳》第 41 ～ 43 頁和人民文學出版社 1978 年版的《莎士比亞全集》（*Complete Works of William Shakespeare*）第 8 卷第 241 ～ 245 頁。

[068]　阿格里巴（Agrippa，約前 62- 前 12），古羅馬統帥，戰功卓著，平民出身的他深得奧古斯都的信任，曾經兩度擔任執政官，並娶奧古斯都的女兒為妻。

[069]　瑪塞納斯（Maecenas，約前 70- 前 8），古羅馬藝術保護人、政治家，是維吉爾、屋大維和賀拉斯（即後來的奧古斯都）的好友，在奧古斯都繼位以後變成了他的顧問。

　　在提比略主政的時期，塞雅努斯 [070] 的位置極為顯赫，當時就有人把他們稱為一對好朋友。提比略在一封寫給塞雅努斯的信中說：「考慮到我們之間的深厚友誼，我從來沒有對你隱瞞過什麼事情。」 [071] 元老院非常敬重他們兩人之間的偉大友誼，特別建造了一座友誼祭壇，就像給女神建的祭壇一樣。塞維魯斯與普勞蒂亞努斯的關係也和上面的例子一樣 [072]，或者說更是超越了上面的例子。塞維魯斯曾經迫使大兒子娶了普勞蒂亞努斯的女兒，並且他還一度容忍普勞蒂亞努斯在公開的場合侮辱他的兒子。他在寫給元老院的一封信中曾說：「我對這個人愛護有加，希望他比我活得長壽。」 [073] 上文所說的這幾位皇帝如果都像是圖拉真或馬可‧奧理略 [074] 那樣的話，那麼，人們或許認為那是由於他們的天性比較善良、單純。然而，事實上並非如此，上述這些君王們都是那

---

[070]　塞雅努斯（Sejanus），古羅馬陰謀家、政治家，提比略的寵臣，長期擔任禁衛軍的統帥（15-31），31 年出任執政官；曾與提比略的兒媳莉維亞一起謀劃毒死了提比略的兒子德魯蘇斯，後來由於對提比略造成威脅而被處死。

[071]　參見塔西佗《編年史》第 4 卷第 40 章。

[072]　普勞蒂亞努斯（Plautianus）和上例中的塞雅努斯的情況基本類似，在塞維魯斯當政（193-211）時期擔任過禁衛軍的統帥，於 204 年由於密謀策劃篡奪王位沒有成功而被誅殺。

[073]　參見狄奧《羅馬史》第 75 章第 6 節。

[074]　其實這兩位羅馬皇帝都非常喜歡動用武力處理事務。圖拉真（Trajan，在位期：98-117）被人們認為善良，大概是由於他的處世態度比他的先輩們溫和一些，同時還較為妥善地處理了國內的社會矛盾，使得羅馬出現了「太平盛世」；馬可‧奧理略（Marcus Aurelius，在位期：161-180）的政績一般，但由於他是新斯多葛派的哲學家，在行軍中寫成了《沉思錄》（*Meditations*）12篇，其言論大部分都富有見地。

種狡詐詭異、驍勇善戰之輩，不僅生活作風嚴厲，且都屬於自私自利之徒。雖然他們已經取得了極高的地位，擁有巨大的財富，但是仍然需要朋友，以使得生活更加完美。還需要說明的一點是，他們都是有家室和親屬的帝王，但是家庭的天倫之樂並不能替代友情所帶來的快樂。

在這裡，康明[075]對他的第一位主人勃艮第公爵查理的敘述也不容忽視。康明說查理很少向他人吐露心聲，更別說那些令他倍加煩惱的祕密了。後來的查理由於一直守口如瓶，意志日漸消沉，甚至連基本的判斷能力也消失了。毋庸置疑，如果康明同意的話，他的這番講述同樣也適用於他的第二位主人路易十一（Louis XI），因為這位國王的緘默也使得自身深受其害。雖然畢達哥拉斯（Pythagoras）的那句三字格言極其難懂，但是它卻一語中的，道出了實情：勿食心（Cor ne edi-to）；如果想將其用清楚的言辭表達出來，那就是沒有可以交心的朋友以至於最後自己被自己的心聲所累。不過，如果向朋友傾訴心聲的話，可能會導致兩種相反的結果，這一點卻令人大為驚奇。凡是把歡樂的事情與朋友分享的人，會感到更加快樂；而那些把憂愁告訴給朋友的人，憂愁也瞬間減少半數。

---

[075]　康明（Philippe de Comines，約 1447-1511），法國歷史學家、政治活動家，曾經先後事勃艮第公爵查理、法王路易十一和查理八世，晚年寫成《回憶錄》8 卷，具有較高的史料價值，現在已被翻譯成多種語言，培根在這裡引用的敘述就是出自這本書的第 5 卷第 3 章。

　　所以，友誼對人心所起的作用就像鍊金人的點金石對人體所起的作用一樣，儘管其完全相反，但卻都對身體產生益處[076]。不過即使不用鍊金人的點金石做比喻，也有其他類似的說法，那就是任何物質聚集在一起，都可以保持並發揮自身的天性，與此同時還可以有效地減弱外界對其的影響。自然界的一切物質都是這樣，人的心靈也是這樣的。

　　就像友誼的第一種作用對感情的健康極為有益一樣，友誼的第二種作用則對理智的健全發揮著重要作用。這是因為友誼不僅可以把感情上的陰霾烏雲變成萬里晴空，而且可以把理智上的昏天暗地變成朗朗乾坤。這些變化不能僅僅歸因於朋友的勸告；實際上在朋友的勸告之前，任何有無數問題糾結在身的人只要和周圍的人多多溝通，他也會豁然開朗，從而更加有效地表達自己的意思，採取理智的行為，並且對自己的思想變成語言後產生的效果有一個清晰的判斷，從而變得更加明智起來。這大概就是「聽君一席話，勝讀十年書」的道理吧！

　　地米斯托克利[077]對波斯王說：「語言就像是鋪展開來的地毯，心中的意象觀念就是地毯上的圖案；而思想就像沒有

---

[076]　傳說中的點金石既可以替人祛病除疾，又可以使人增加壽命，前者為減，後者為增，但是都對身體具有好處。

[077]　地米斯托克利（Themistocles，約前 524- 前 460），古雅典的民主派政治家，曾經擔任執政官，其政績顯赫，後來遭到貴族派用陶片放逐法的放逐，流亡到了波斯（前 465），波斯王子十分友善地厚待他。

開啟的掛毯,一切意象觀念都被緊緊包裹在裡面。」友誼的
這種啟蒙理智的作用,不僅僅侷限於那些可以提出建議或忠
告的朋友,因為即使沒有這樣的朋友,我們也可以自己與自
己對話,憑藉自己的思想,就像磨刀石上的刀刃一樣,慢慢
進行磨礪。簡而言之,人們寧可對著一尊雕像或者一幅畫作
進行暢談,也不想把一切想法和觀念壓制在心中。

　　為了更好地說明友誼的第二種作用,請允許我再就大家
都已經十分清楚的一點 —— 朋友的勸告 —— 做一些闡釋。
赫拉克利特(Heraclitus)曾經說過:「Dry light is ever
the best」。[078] 毋庸置疑,僅僅依靠自己的理解而做出的判
斷或選擇,通常情況下沒有朋友的建議或勸告更為合理與完
善;這是因為一個人的理解和判斷總是受制於自己的生活習
慣和偏好之中,不免有些片面。所以,自己的主張往往與朋
友的建議出入非常大,這就像阿諛奉承的人與知心朋友的忠
告之間存在的差異一樣。因為自己是最喜歡奉承自己的人,
而朋友的忠告無疑是治療自以為是這一頑疾的最好良方。

---

[078]　大概是由於赫拉克利特本來就有「晦澀哲人」的稱呼,這是一句以訛傳訛
　　　的格言。從古希臘語翻譯成拉丁語的時候就已經出現了 lumen siccum(dry
　　　light)二字,對於這樣的情況,西方學者的解釋歷來就非常多,劍橋大學
　　　的查爾斯·H·卡恩(Charles H. Kahn)在其著作《赫拉克利特的藝術與思
　　　想》(*The Art and Thought of Heraclitus*)一書中用了整整 10 頁(1979 年版第
　　　245 ~ 254 頁)來研究這句話的來龍去脈和其中存在的訛誤;除了培根的英
　　　文翻譯外,這句格言的英語翻譯還有「The dry light is the wisest Soul」,「The
　　　dry mind(uninfluenced by feelings and appetites)is the wisest and best」和「The
　　　dry soul is the wisest and best」;本書的翻譯者在這裡將這句格理解為「沒
　　　有個人偏見的意見往往是最為明智的」。

　　一般來說，忠告可以分為兩類：一類是品行方面的忠告，一類是事業方面的忠告。就品行方面而言，朋友的諄諄勸告是保持心靈健康的最好藥物。嚴於律己有時會顯得過於刻薄，勸說讀一些經典著作又未免有點枯燥乏味，而以他人作為參照往往又不符合自身的情況；所以最好的辦法就是聽取朋友的良言忠告。歷史上的英雄人物，有些就是因為沒有及時聽取良友的建議而釀成了大錯，從而毀掉了自己一生的名聲和運氣，讓人回想起來真是不可思議。這樣的英雄人物正如聖雅各（Saint Jacob）說的那種人，雖然自己也時常照鏡子，但是一轉身就忘記了自己的形象。[079] 就事業方面而言，只要一個人他自己願意，他可以自認為兩雙眼睛的見識並非多於一雙眼睛的見識，或者發怒的人比默唸過英文字母的人更加理智，或者當局者總比旁觀者清，[080] 或者把步槍放在架子上和舉在手裡打的效果一樣；總而言之，他可以任意發揮自己幼稚而可笑的想像，認為自己可以是世界上的任意一切。

　　但是，等所有的嘗試都過去之後，他會發現原來只有忠告才能糾正他在事業上的偏離。如果有人認為，他是樂意接

---

[079]　聖雅各在《新約·雅各書》（*Letter of James*）第 1 章第 23 ～ 24 節中用這個比喻形容那些藐視基督的勸誡並不落實行動的人。

[080]　在培根時代，英語字母 i 和 j、u 和 v 並沒有什麼區別，因此字母表中只有24 個字母。此外，西方人認為人在憤怒的狀態下只要默唸一遍字母表就可以停止憤怒。

受忠告的人，但只是分散地就一件事與一個人商量，就另一件事與另外一個人商量。當然這樣的做法不錯，但是他可能面臨兩種風險：一是由於除好友至交外幾乎沒有人全心全意地為他的利益考慮，因此他很可能得不到真正的忠告；二是他雖然得到了一些建議，並且這些建議也出自好意，但是可能並不可靠，甚至對他本身的利益產生危害，也就是他得到的建議利弊參半。

這就像你生病了去看醫生，雖然這位醫生能夠治療你的疾病，但是他並不了解你的身體狀況，結果他很有可能治標不治本，甚至在另一方面對你的健康有害，這就是所謂的治好了疾病卻殺害了病人。但是，如果幫你提建議的是一位知心朋友，他就會全面考慮你的事務，盡量避免給你帶來意外的麻煩。所以，不要過分依賴零散的建議，這樣做只會導致事情更加混亂，而很少產生引導事態往良性方向發展的指導作用。

除了上文所述的兩種作用外，友誼還有一種作用，可見於各種日常行為和各種場合；這樣的作用就像成熟的石榴一樣，內部有很多果粒。如果想要說明友誼的每一種作用的話，最好的方法就是尋找生活中有多少事情單獨依靠自己無法完成，這樣一想，「朋友是自己的另一身體」這句老話就會顯得過於謹慎，因為事實上朋友的作用往往大於一個己

身。人的命運都是有定數的，許多人直到臨終前心裡還惦記著某些事情，比如安頓子女、完成工作等等。但是，如果臨終的人有位至交的話，他就可以毫無牽掛了，因為他清楚地知道有人會幫助他料理後事；於是，就他所牽掛的事情而言，可以說他有了兩次生命。一個人只有一副身體，而一副身體不能同時出現在兩個地方，但是如果一個人遠方有朋友的話，就可以說那個地方有他的代理人幫他辦事。

　　一個人在有限的一生中有多少難言之隱呢？如果一個人既不能彰顯功勞，自身又很謙卑，更不說炫耀自己的功績了；又比如人在某些時刻不能低頭去央求或者哀告。像這些不適合自己說的話，如果出自朋友之口卻是萬分得體。另外，社會角色使得一個人無法擺脫自身固有的關係，比如他作為父親對兒子說的話，作為丈夫對妻子說的話，鑒於自己的身分對敵人說的話，但是對朋友則無須考慮任何因素，只要就事論事即可。關於這類的事例多不勝數，我曾經就提出一條規則：一個人如果不能恰當合理地扮演自己的某個角色，且他周圍又沒有一個真心朋友，那麼他最好還是退出生活的舞台吧。

疑心

疑心就像一隻蝙蝠，總是在黃昏的時候出現。

疑心就像一隻蝙蝠，總是在黃昏的時候出現。誰也不能否認，我們應該消除疑心，至少應該對其加以抑制。因為疑心會使得人腦曚蔽，友誼遭到破壞，公務不能執行，從而使事業不能順利地進行。疑心還使得君主亂施暴政，使得丈夫心生嫉妒，並使得智者也變得猶豫不定，情緒凝結於心。然而，疑心並不是心靈上的疾病，而是大腦出現了疾病，因為即使性格最為堅強的人也會起疑心，英國國王亨利七世（Henry VII）就是最好的例證。就疑心的重大和性格的堅強，幾乎沒有人能與亨利七世相提並論，而如果具有那樣一種稟性，疑心就不會產生大的傷害了；因為具有那種稟性的人一般會仔細審視自己的疑心，分辨事情的真假，而不是輕易地遷就疑心。

但是對於那些膽小怕事的人來說，疑心一旦產生就會變得越來越嚴重。最容易讓人產生疑心的就是對事實情況知道得很少，所以消除疑心的辦法就是盡可能多地了解實情，而不是讓疑心潛伏在事實真相的迷霧之中。人們為什麼要多疑

呢？難道他們認為自己僱用的或所結交的人都應該是聖賢嗎？難道他們認為他人就不應該為他們的利益打算嗎？難道他們認為別人就應該忠於他們而不是忠於自己？從中可以看出，減輕或者消除疑心的最好方法是，一方面可以把可疑的地方視作真實來加以防範，另一方面可以將其視作虛假而加以抑制。如果能做到這一點，猜疑就不會造成任何傷害。

　　頭腦中存在的疑團不過是嗡嗡的蜜蜂之鳴，而那些由惡語閒言組成的疑雲卻帶有鋒利的芒刺。驅散這種疑雲的最好方法，就是把自己心中的疑團全部告訴被懷疑者，這樣懷疑者就會比以前更加了解被懷疑者，同時被懷疑者也會在今後多加注意自己的言行，不再因為言行上的失誤而遭致他人的懷疑。但是，這種將心中疑惑全部告訴對方的方式並不適用於天性卑劣的人，因為那種人一旦知道自己被人懷疑，便很少有真誠了。義大利人有句名言：「疑心是忠誠的護照。」好像有了猜疑，忠誠便很快離去；其實，猜疑應該激發忠誠不斷證明自身的不可否認。

憤怒

憤怒是人天性中的一部分，但是在程度上必須有所節制，在時間上必須有所限制。

和顏悅色，絲毫沒有氣憤的時候，這只不過是斯多葛派哲學家們的奇言怪談。人們早已遵從更符合實際的神諭：「心中有了怒火就要發洩出來，但是千萬不要因為發怒而犯罪，更不要過了好長一段時間後還餘怒未息。」[081] 憤怒是人天性中的一部分，但是在程度上必須有所節制，在時間上必須有所限制。下面我將要討論怎樣克制發怒的天性和習慣；其次談談如何壓制這種特殊的行為，或者如何使得這種行為造成輕微傷害甚至無傷害；最後探討一下如何使他人息怒或者動怒。

要想克服動不動就發怒的習慣，唯一有效的方法就是認真反思發怒的直接後果，想想它是怎樣擾亂你的生活。最好在怒氣平息之後去反思，這是反思的最佳時機。塞內卡說得好：「怒氣就像搖搖欲墜即將倒塌的房屋，在它倒下的地方

---

[081]　參見《新約·以弗所書》（*Letter of Paul to the Ephesians*）第 4 章第 26 節。

留下的只是一片廢墟。」[082]《聖經》也勸說人們「一定要保持冷靜，耐心地等待」。[083] 誰如果失去了耐心，誰也就失去了理智。而人更不應該像蜜蜂那樣，「為了那憤怒的一螫，卻斷送了自己的生命」[084]。由此看來，憤怒的確是一種有害的情感，因為它往往出現在容易支配的老弱病殘或婦孺軟弱無力的時候。不過平常人必須注意，如果被人激怒的話，應該對冒犯者表示出鄙夷的樣子，而不應該表現出恐懼的神情，要不然你所受到的傷害會更加嚴重。把上述的提醒作為自己的規則，這一點對於常人來說不難辦到。

談到怎樣克制憤怒，必須要知道發怒的原因不外乎有三個方面。一是對於他人的傷害過於敏感。但凡動怒的人都是覺得自己受到了傷害，所以感情脆弱的人總是容易發怒，因為他們總會遇到令他們惱羞成怒的事情；然而這些事情對於性格堅強的人來說則沒有什麼影響。第二個原因是受到傷害的人認為對他的傷害以及當時所處的環境使他蒙受了巨大的恥辱，而恥辱和傷害一樣可以使人氣憤填膺，甚至比傷害本身更能讓人動怒。所以那些敏於發現自己受到侮辱的人經常動怒。第三個原因是某人的名譽被社會上的輿論侵害，這是最不能讓人容忍的

---

[082]　參見塞內卡《論憤怒》第 1 章第 1 節。
[083]　參見《新約·路加福音》第 21 章第 19 節。這是耶穌在向門徒們預言，大的災難和殘酷迫害將要到來，並以此作為告誡。
[084]　參見維吉爾（Virgil）《農事詩》（*Georgics*）第 4 卷第 238 行。

地方。抑制這種憤怒沒有其他的辦法，只有像貢薩洛[085]當年所說的「為名譽建造一個更加堅固的掩體」。不過在上面的情況下，為自己贏取時間，等待報仇洩憤的機會，同時又能準確地預見到那個時機，這是抑制憤怒的最佳辦法；這樣一來你就可以使自己平靜下來，不至於當場發作。

如果想要當場發作的憤怒不造成任何嚴重的危害，必須注意兩個要點。一是發洩憤怒的言辭不應該過於強烈或刻薄，尤其是不要明確具體地惡語傷人，要知道泛泛而無所指地痛罵也可以化解心中的怨恨。同時，發怒的人一般不要揭別人的老底，因為那樣會使得其他人都不願意與你交往。第二個要點是不要由於陷入憤怒之中而隨意地拋棄自己的職責。總而言之，不管你怎樣表達憤怒，盡量不要做那種無法挽回的事情。

至於說到如果讓他人發怒，一定要選擇好時機，即要在對方心情極端惡劣，最容易爆發脾氣的時候激怒他們，另外再用你所能利用的一切手段加大對方受到侮辱的感覺。而不想讓他人動怒的方法卻正好相反，就是如果想告訴某人一件令他不愉快的事情，最好是在他心情極為爽快的時候，因為第一感覺非常重要；另外就是盡最大可能地使他覺得自己雖然受到了傷害，但是並沒有受到侮辱，這樣你就可以把那些傷害歸因於誤會、激動、憂慮或者一切你可以想像出來的理由。

---

[085]　貢薩洛（Gonzalo Fernández de Córdoba, 1453-1515），西班牙最為有名的將軍之一，其一生的戰功無數，功業顯赫。

高位

人一旦做了官，本性便暴露出來了。

身居高位的人是具有三重身分的奴僕：一種是君王或國家的奴僕，一種是公眾輿論的奴僕，還有一種是職權職責的奴僕。因此他們是沒有自由的，既沒有個人的自由，也沒有行動的自由，更沒有時間的自由。要追求權力而喪失自由，或尋求凌駕他人的權力而失去統治自己的權力，這種欲望是一種難以想像的欲望。要升到高位上，其經過是很艱難的，但是人們卻要吃許多苦以取得更大的痛苦；投機取巧時，其經過有時是很卑劣的，然而人們卻藉著卑劣的手段達到尊貴的地位。在高位上居留是很不穩定的，其退步或是垮台，或者至少是聲名狼藉，這些結果都是可嘆可悲的。有古人曾說：「當你到了像我現在的狀態，活著不如往昔的時候，就再沒有活下去的理由了。」[086]

但是這句話也有不對的地方，人們在願意退休的時候是

---

[086]　參見西塞羅《致友人書簡》第 7 卷。西元前 48 年，法薩羅戰役爆發，西塞羅曾經一度支持的龐培被凱薩打敗，於是西塞羅在政治上很不得志，這句話就是他當時的感嘆。培根評論說這句話也有不恰當的地方，是非常有道理的；因為就連西塞羅本人也不會無動於衷，結果他在西元前 43 年被安東尼的部下殺死。

不能退的，並且在應該退休的時候是不肯退的。反之，人們都不願過退休的生活，甚至在老病之中，需要隱居的時候也是這個樣子，就好像有些城市裡的老頭一樣，總要坐在街門口，雖然這種方法使年邁成為過往人群的笑柄。無可否認，居高位的人們得要借他人的感覺才能以為自己是幸福的，因為如果他們憑藉自己的所感來判斷，就不會發現自己是幸福的。

但是假如他們自己想一想別人對他們做何感想，並且想到別的人如何願意成為他們，那麼他們就好像是山外面的談論而快樂了，同時在內心中也許正好相反。因為這些人是首先發現他們自己的憂患的人，雖然他們是最後才看出自己過失的人。毋庸置疑，居高位的人們對自我是陌生人，並且在事務匆忙之中，他們是沒有時間來照管自己的身體或精神上的健康的。這種情況正如一位古人的感嘆：「如果一個人在死的時候，別人過於知道和了解他，而自己卻不知道自己，那麼死亡的降臨可真是一樁大禍了 [087]！」

居高位的人們有為善與為惡的自由；而為惡卻是一種可以詛咒的自由，因為談到作惡最好是不願意，其次就是不能夠。但是有能做好事的權力那才是真正的而且合法的希望之所繫。因為好意，雖然上帝接受，然而對於世人，要是不實

---

[087] 參見塞內卡所著的悲劇《提埃斯特斯》第 2 幕。

行出來，那不過如好夢一般而已；而要行好事就非要有權有位，有一種居高臨下的氣勢不可。功與德是人類行動的目的，而感覺到自己已經有了這兩樣才是令人滿足的成就。因為，如果一個人能夠參與上帝的劇場，那麼他也可以參加上帝的安息了。《聖經》有言道：「上帝轉身看他手造的一切，看見它們都是很好的。」[088] 於是便有了安息日。

在執行你的職務時，在你面前要有最好的模範；因為模範就等於是一套箴言。以後，過了些時候，可把你自己的模範放在面前，並且嚴格地自檢，是否你從前做得好而現在退步了。也不要忽視從前那些在同樣的位置而不稱其職的人的例子；這並非是要用詆毀前人名聲的方法來顯出自己的好處，而是要指導你自己，應當以什麼為戒。因此，你應當不帶著欺凌毀汙前代或前人的意味而改革以往的不善，同時也要給自己立規矩，不單要仿效，並且還要創立好的先例。你必須要把事物追究到最早的起源，並且考察它們因為什麼退化以及如何退化，但是仍要向古今兩個時代都去求教；向古代問什麼是最良好的；向現時問什麼是最適當的。

你必須要努力把你的行事之道做得很有規律，前後一致，如此他人可以知道他們可以預期什麼；但是也不要過於一定或確定；並且在你違背常規的時候，要把自己所以如此

---

[088]　參見《舊約·創世記》第 1 章第 31 節。

的緣由解釋得清清楚楚。保持你自己的地位應享的權利，但是不要引起法律上關於此點的爭論：寧可靜靜地在事實上享受這種權利，也不要用索要和強爭的手段去公開吵鬧。同樣，保持下屬的權利；並且以居首指揮為榮，而不要以參與一切為榮。在執行職務上歡迎並邀請幫助和忠告，不要把帶訊息給你的人認為是好管閒事的人而將他們拒之門外；相反，要好好地接待他們。

位高權重的人主要有四種不好的習慣，即拖沓、受賄、粗暴和礙於情面。如果要避免拖沓，就必須保證機關暢通，嚴格遵守約定的時間，以最快的速度完成自己的任務。一般情況下不兼職多種事務，除非是緊急時刻情非得已。如果要避免受賄，不僅需要嚴格約束自己和部下不要接納賄賂，而且必須約束有所請求的人不要送。因為一個人自己實行的節操是約束自己和屬下的，而宣揚出去的節操，再加上公開的對賄賂的厭恨，就是約束他人的。這樣的行為，既可以避免錯誤，又能消除懷疑。當權者的政令要是被人認為反覆無常，或者無明顯的緣故而公開地變更了，就要招致貪汙的嫌疑。因此，無論什麼時候，當你變更你的主意或行事之道的時候，要把這件事公開地承認了，並把這件事和使你變更的理由公布於眾，不要想偷偷摸摸地做了。

一個僕人或寵幸，假如他僅僅是與你親暱而沒有顯然的

可稱讚的地方，就要被人認為是暗行貪汙的一條門路。至於粗暴，那是一種不必要的招怨之道。嚴厲生畏，但是粗暴生恨，即在公事上的譴責也應當莊重而不應當侮辱嘲弄。說到礙於情面，這比受賄的危害性更為嚴重，因為受賄只是偶爾的行為；但是如果無理由的貪念可以打動一個人，那麼這個人就永遠不會沒有這種情面事了。正如所羅門所說：「看情面是不好的，因為這樣的人是會為了一塊麵包而枉法的。」[089]

有句古話說得好：「**人一旦做了官，本性便暴露出來了。**」高官厚位使得一些人找到了人生價值，卻也使有些人不斷墮落。塔西佗說到加爾巴時說：「如果他沒有做過君王的話，也許人們都會認為他適合做統治者。」[090] 但他說到維斯帕先時卻說：「做了君王以後更加有為的人，恐怕只有維斯帕先一個人了。」不過，塔西佗的前句話是對針對治國的良才而言的，後句話是針對道德情操而言的。高位顯職是展現德行的關鍵所在；因此，升官加爵後自身的德行陡增，這是德行高尚的人的明顯標誌；就好像在自然界中一樣，事物向它們的位置動的時候，動得就很劇烈，而在它們的位置上動的時候，動得就很緩和。所以，德行在努力上升的時候是猛烈的，而在當權的時候是安穩平和的。

---

[089]　　參見《舊約·箴言》第 28 章第 21 節。
[090]　　參見塔西佗《歷史》第 1 卷第 49 章。

　　一切升遷騰達都像登一條迂曲的樓梯一樣，在上升的過程中如果遇到了派系紛爭，就不妨加入其中的一派，等到登頂之後卻必須保持中立，不結黨營私。對於這個位置上的前任官員，我們評論時要非常謹慎，因為假如你不這樣做，那麼這就是一種債務，將來你離開這個位置時，人家是一定要償還你的。如果你有同僚的話，應該充分尊重他們，哪怕在他們不想求見的時候去召見他們，也不能在他們有急事需要求見的時候，而故意不見他們。在私下與人交談時或者回覆私人信件時，頭腦中不要總是閃現自己的位高權重，最好的狀態是讓交際往來的人說：「他在執行職務的時候是另外一個人。」

膽大

　　膽大妄為的人往往不顧事情的嚴重後果和危險，因而他們的行為大多是魯莽的。

　　下面這個故事是一段小學課文，內容淺顯易懂，但是卻值得包括智者在內的每一個人沉思。故事裡講到，有人問狄摩西尼：對於演說家來說，什麼是最重要的？他回答說，動作。那其次呢？——還是動作。[091] 說這話的人很清楚他所說的內容，但卻是一個在他所稱揚的事情上並沒有天生優勢的人。[092]

　　演說家的動作應該說是演員必不可少的一個素質，但是對於演說家而言，不外乎是個外在的表現；然而動作之於演說家卻被過分地強調，一度超過了演講題目的選擇和辯論方式的創新等重要技能。非但如此，動作被追捧得簡直成了演說的唯一元素，好像它就是最為關鍵的部分，除此之外別無其他。這真是讓人覺得十分奇怪。不過，仔細一想，這其中

---

[091]　西塞羅在《論演說家》（*Deoratore*）、普魯塔克（Plutarchus）在《十大演說家生平》中都曾經記載過這段故事。

[092]　這位演說家口中含著石子練習發音，對於這樣的事例大家都知道；但是幾乎沒有人知道，他還曾經在身邊懸劍墜杈，對著鏡子規範自己的演講動作。

的緣由也是非常明顯的。因為人的天性中不乏愚鈍，並且愚鈍是多於聰明的，因此那些讓愚鈍的人明白事理的技能，通常是最為有效和流行的。有意思的是，國家事務中的膽大妄為與上文所述的情況極其相似。對於國家大事而言什麼最重要？──膽大。其次呢？──膽大。再其次呢？──還是膽大。

然而，這種膽大只是愚昧無知的產物，根本不是治國之才所應當具備的。儘管如此，人們還是受到它的蠱惑和控制，尤其是那些占全體國民大部分的愚鈍或軟弱的民眾。更匪夷所思的是，連自詡很聰明的人也會受到它的引誘。所以我們就不難看到，膽大在那些缺乏元老院和王公貴族的民主國家創造出了很多豐功偉業，但我們也應該意識到，膽大在行為人第一次做事的時候效果極其顯著，以後的效果就不是很明顯了。這是因為，亂用膽大的人向來是沒有信用的，他們隨著膽大行為的不斷實施也隨之失去人們的信任。就像幫人看病的人有江湖醫生，為國家大事出謀劃策的人也有所謂的江湖術士，他們聲稱自己的計策是多麼的神奇有效，也許有兩三次試驗能夠僥倖成功，但是這些計策畢竟缺乏科學的依據，最終還是不能持續地開展下去。

毫無疑問，在有知識閱歷的人看來，膽大妄為的人無非就是被人嘲笑譏諷的對象，甚至在一般人眼中也是如此的荒

誕不經。如果說被人嘲諷的對象總有幾分荒唐的話，那麼膽大包天自然就是徹頭徹尾的嘲諷對象。看看那些膽大妄為的人遭遇難堪時的樣子吧，他們的臉會縮成一團，像是凍僵了一般。一般人遭遇難堪時臉會發紅或者變色，而膽大妄為的人卻沒有絲毫變化，呆呆地停滯在那裡，就像下棋時被困的一方，雖然沒有被徹底打敗，但是已經沒有還手反擊的餘地了。

我們應該重視的是，膽大妄為的人往往不顧事情的嚴重後果和危險，因而他們的行為大多是魯莽的。雖然膽大妄為在決策事務的過程中是十分有害的，但是卻對執行事務是有利的。這是因為在決策的時候需要全方位地預測可能存在的風險，而執行的時候則必須排除一切不利因素徹底地貫徹實施，當然這些不利因素與人的生命攸關時就不可等閒視之。因此，我們應該合理地安排這部分的人，而不應該把事務的全部過程都交給他們處理。在適當的場合，應該安排他們作為執行的副手，並讓他聽從於他的上級指揮。

善與性善

∙∙∙∙∙∙∙∙∙∙∙∙∙∙∙∙∙∙∙∙∙∙∙∙∙

他讓陽光照好人，也照壞人，他降雨給善人，也給惡人。

然而，如果到處對人行善，那麼這善良也就不復存在了。

我所採取的關於「善」的真正含義，就是旨在造福於人，這也就是古希臘人所謂的「愛人」，而用時下流行的「人道」一詞來表示它還有些不足以完全表達這種意思。我認為善良是人的天性，而性善就是性格的傾向。在人類的眾多美好品格中，善良是至高無上的，也是最美的，因為善良是上帝特有的品性。

如果沒有善良，人類就像蟲豸一樣庸碌無為，並且還對周圍的環境有不小的危害。善良和神學三德[093]中的博愛是相一致的，也許可能會錯誤地施予，但是永遠不會有施捨過度的時候。天使們曾經因為過度地追求權力而自甘墮落[094]，人

---

[093]　基督教徒應該具備三種美德：信仰、博愛、希望；或曰：有信、有愛、有望。
[094]　指撒旦與他的同夥想取代上帝的位置沒有成功，後來受到懲罰而落入地獄的故事。參見彌爾頓（Milton）《失樂園》（*Paradise Lost*）第 1 卷第 27 ～ 81 行。

類也曾因為過度的追求知識而遭受與天使同樣的下場，[095] 但是博愛卻沒有過度的情形，無論是神或人，都不會因它而受到危險。人性之中天然包含著善心，如果這善心沒有給予人類，那麼它終將施予其他的生靈，正如人們在土耳其的所見所聞那樣。儘管土耳其人是個十分殘暴的民族，但是他們對待自己的牲畜卻很仁慈，時不時地還給狗和鳥類一些食物。

　　布斯貝克 [096] 曾經記述過一件事情，一名無知的基督教青年在君士坦丁堡玩弄一隻長喙鳥，用東西塞住了這隻鳥的嘴。後來，他被旁邊的行人看見了，這位青年差點被行人用石頭砸死。善良或博愛有時候也會被施捨給錯誤的對象，因此義大利有句值得深思的名言：「**如果到處對人行善，那麼這善良也就不復存在了。**」

　　將這種思維公之於眾的，當屬義大利學者馬基維利，他在他的作品中直接寫道：「善良的人們虔誠地信仰基督教，但是他們哪裡知道，基督信仰已經把他們當作祭祀獻給了殘暴無道的國君。」[097] 馬基維利之所以這麼直接地批判，是因為從來沒有任何法律、教義或信仰像基督教這樣竭盡全力

---

[095]　指夏娃和亞當偷吃智慧樹的果實而被逐出伊甸園的故事。參見《舊約・創世記》第 3 章。

[096]　布斯貝克（Ghislain de Busbecq, 1522-1592），佛蘭芒學者，曾經作為神聖羅馬帝國皇帝斐迪南一世（Ferdinand I）的特使而進駐君士坦丁堡。

[097]　馬基維利是《君主論》（*The Prince*）一書的作者。這裡的引用出自於他的《論李維》，不過培根好像是斷章取義，因為在這段話後面馬基雅維利接著說：「這種看法是不正確的……」

地勸說人們行善。因此，只有人們不錯誤地施予善心，上面
所論述的種種情況才能避免。為他人造福是每個行善者的追
求，但是又不能被他人的無理要求和妄想所驅使。如果是那
樣的話，行善者就成了一個專門討好他人的軟弱之人了；而
這種軟弱和討好最終會給誠實正直的善良人帶來不必要的麻
煩。更不要把美麗的寶石送給伊索寓言中的那隻公雞，因為
牠更希望得到一把能填飽肚子的麥粒。上帝在創造天地時，
就為我們樹立了最好的榜樣，你看：「他讓陽光照好人，也
照壞人，他降雨給善人，也給惡人。」[098]

　　但是，財富、榮譽還有德行卻沒有惠及每一個世俗人的身
上。因為，上帝在分派一般的恩惠時沒有選擇地全部給予，但
是那些特殊的恩惠就必須有所選擇了。還有一點需要注意，描
繪肖像的時候千萬不要把原貌給破壞掉，因為上帝是要人們以
愛自己的善行作為標準，繼而再拿這個標準去愛其他人。

　　耶穌說：「賣掉你所有的財產，把錢捐給窮人，然後來
跟隨我。」[099] 但除非你真要跟耶穌去，或者真的要聽從神靈
的召喚，把自己微薄的財產像鉅富一樣散播給天下最需要的
貧苦人，那你還是謹慎考慮是否真的要變賣光自己的所有財
產。如果你真的賣光了自己的所有財產，無疑是殺雞取卵的
愚蠢行為。

---

[098]　參見《新約·馬太福音》第 5 章第 45 節。
[099]　參見《新約·馬可福音》（*Gospel According to Mark*）第 10 章第 21 節。

　　世間的善性分為兩種，一種是人天生就有的善性，另一種是在真理的引導下產生的善性。但是，世間除了善性也有惡性，因為有些人從來就沒有為他人造福的願望，更別說善行了！惡性中較輕的一種趨向於暴躁無常、魯莽行事和頑固不化等等，但惡性中較重的一種就是拿著嫉妒的利劍去傷害他人。這樣的惡人，他們喜歡看到別人的痛苦和不幸，並以此為樂。因而，他們在別人遭遇困境的時候非但不予以幫助，反而在背後落井下石。他們就像一群嗡嗡叫的蒼蠅，一旦發現受傷的地方就圍了上去，甚至都不如替拉撒路舐瘡的那些狗[100]。於是，引誘人們上吊就成了這些「憎恨人類的惡人」的職業。

　　然而，他們的花園裡連一棵讓人上吊的樹也沒有，可見他們連泰門也不如。[101]這種惡性是人性中最為醜惡的部分，但卻是位高權重的人的必備素質。他們就好像彎曲的木頭一樣，造船最好；船是天生要顛簸的，但是這種木材卻不適於造房屋，房屋是需要筆直穩固的木材。善具有許多要素和特徵。

　　如果一個人對外邦的人謙遜有禮，那麼他一定是個四海為家的人。因為長期的漂泊生活已經使他的心與他人緊密地

---

[100]　　參見《新約‧路加福音》第 16 章第 21 節。

[101]　　泰門公開宣稱，他願意提供一棵樹以便那些走投無路的人上吊使用。參見莎士比亞（Shakespeare）的戲劇《雅典的泰門》（*Timon of Athens*）。

連繫在一起，就像一片相連的大陸而不是與世隔絕的孤島。如果他為別人的苦難牽腸掛肚，這說明他的心就像那種寧可自己受傷也要奉獻出香脂的高貴樹木。如果他對別人的冒犯能既往不咎，那說明他的心早已超越了傷害，所以他這樣的人是很難受到真正的傷害的。如果他對別人的點滴恩惠能夠竭力回報的話，那就說明他把人的精神放在錢財之上。最後，至關重要的一點是，如果他為了拯救自己身邊的人們而像聖保羅那樣心甘情願地被驅逐離開基督，[102] 那就說明他具有了和基督同樣的地位，也具有了神性。

---

[102]　保羅在《新約‧羅馬書》第 9 章第 3 節中說：「為了我的骨肉之親，我的兄弟，即便與基督分離，自己被詛咒，我也心甘情願。」

利己之聰明

如果談論為自己營生，那麼螞蟻可算是一種最為聰明的動物了，但是對於果園裡的花木來說，牠卻是一種有害的生物。

如果談論為自己營生，那麼螞蟻可算是一種最為聰明的動物了，但是對於果園裡的花木來說，牠卻是一種有害的生物。毫無疑問，過於自私的人對公眾也是有害的。因此，人們應該理智地劃分私利與公利，並且明確它們的界限，不可以因為對自己有利就要對他人不利，尤其是不可以有負於君王和國家。一般人的行為以自我為中心，這真是不幸的事情。因為那就像地球只是圍繞地軸轉動，而一切與天體有關的物體則是按照其他物體的中心而運動的，而且對它們圍繞的中心是有利的。[103]

一切以自我為中心，這對於帝王君王來說是可以理解的，因為君王不僅代表自身，他們的禍福還與國家公眾的安危緊密相連；但對於普通的臣民或公民來說，以自我為中心

---

[103] 培根那個時代的人們仍然不相信哥白尼（Copernicus）的「日心學說」，而相信托勒密（Ptolemy）的「地心學說」。另外，參見本書《論叛亂與騷動》一文的關於「地球中心學說」的註釋。

的一切想法或念頭都是一種罪惡，因為任何事情經過這種人的手，他們都會使事情趨向他們自己的意圖，而他們的意圖往往與國家和君王的目標不一致，甚至是截然相反的。因此可見，國家或君王不可以選擇這種人作為國家的臣子或公僕，當然只允許他們做一些無足輕重的瑣碎小事。為自己謀私利的更大危害就是使國家的倫理綱常失去和諧，把臣子的利益放到君王的利益前面，這就已經是違反綱常了，而為了臣子的小小利益去損害君王的大利益，這更是罪大惡極的行為。

然而這些正是那些貪官汙吏一直想做的；貪汙墮落的大臣、庫管、使節和將軍，沒有一個人不是為了自己的私利而偏離綱常，從而破壞了君王的宏圖大業。但是，總的說來，這些人所獲得的利益或好處通常只與他們的幸運相當，可是他們為了獲得那點私利而犧牲的公利，往往與他們的君王所擁有的財富成正比了。以燒毀公家的房屋代價來烤熟自己家裡的雞蛋，這正好就是極端利己者的本來面目；然而這類人往往卻得到主人的欣賞和信任，因為他們的全部想法都用在如何討好主人上面，怎樣讓自己得到好處。在這種動機的支配下，為了任何一點好處他們都可以置主人的利益於不顧。

為了利己而玩弄自己的小聰明，其實說到底是一種卑汙的聰明。它只是一種老鼠的聰明，因為房屋快要倒塌的時

候，老鼠肯定先逃出來；它只是一種狐狸的聰明，因為狐狸挖掘洞穴，為的就是自己獨自占有；它只是一種鱷魚的聰明，因為鱷魚餓了想吃東西的時候，都是先會流出眼淚的。然而，值得一提的是，那些只愛自己而不愛其他任何人的人，就像西塞羅筆下的龐培，到頭來的命運都非常可嘆可悲。儘管他們總是以犧牲他人來為自己服務，並自己覺得已經用了聰明，因而可以把握命運的方向，但是最終他們也無法擺脫無常命運的戲弄。

貌似聰明

有人只有虔誠的外表，但是卻沒有虔誠的內心。

人們有一種習以為常的看法，認為西班牙人看上去比實際上要聰明得多，而法國人實際上比看上去要聰明得多。但是，暫且不討論民族之間的這種差異到底有多大，單就我們個體之間相比較的話，這種差異確實是普遍存在的。這就像聖保羅說的那樣：「有人只有虔誠的外表，但是卻沒有虔誠的內心。」[104] 所以，從智慧和能力的角度來看，世界上一定存在一些雖然不會做事、很少做事或者「很吃力地做點小事[105]」的聰明能幹的人。

如果能看穿這種內外不統一的人使用何種伎倆來使得他們以實掩虛，以深飾淺並且以大蓋小，那麼智慧的人就覺得他們十分滑稽可笑，並且認為值得用一篇諷刺性的文章去描述他們。他們中有一些人隱藏得很深，以至他們的底牌只能在暗中顯示，並且總是保留最後的一張關鍵底牌。這些人儘管自己心裡清楚他們並不通曉他們所說的，但是表面上他們

---

[104] 參見《新約·提摩太後書》（*Letters of Paul to Timothy II*）第 3 章第 5 節。
[105] 參見古羅馬喜劇作家泰倫提烏斯（Terentius，約前 190- 前 159）的喜劇《自責者》（*The Self-Tormentor*）第 3 幕第 5 場第 8 行。

卻裝出一副什麼都懂的樣子。

　　有些人看上去非常聰明，那是因為他們懂得如何藉助於表情和手勢，他們就像西塞羅所描寫的庇索[106]：「你答覆說反對虐待的時候，你的一道眉毛降到了腮幫子，另一道眉毛卻揚到了額頂。」有些人天真地認為，只要憑藉蠻橫武斷和吹牛說大話就可以獲得聰明；進而他們又武斷地認為，只要自己被允許，那麼他們就可以擔任原本沒有能力擔任的職務。

　　有些人明知道自己對眼前的事物一無所知，但是卻裝出一副不屑一顧或者嗤之以鼻的樣子，藉此來掩飾他們的無知而顯示他們的頗有見識。有些人雖然與常人有著不同的見識，但是他總是用詭辯的方式玩弄周圍的人，以此來迴避所談論的主題；傑利烏斯曾經將這種人稱之為「為賣弄模糊不清的華麗辭藻而耽誤重要事情的蠢人」[107]；柏拉圖（Plato）也在其對話《普羅泰戈拉篇》（*Protagoras*）中讓那位詭辯家發表了一篇觀點和見解完全與眾不同的演說，藉此嘲諷這類

---

[106]　指凱薩的岳父魯基烏斯·庇索（Lucius Piso），西元前 58 年出任執政官的時候，曾經與保民官克勞狄烏斯一起控告西塞羅的違法行為，最後使得西塞羅流亡於馬其頓、希臘等地。西元前 57- 前 55 年庇索任馬其頓總督，卸任後回到羅馬，在元老院遭到了西塞羅的當面彈劾，下文的引言就是西塞羅的面劾之詞。

[107]　這句話出自古羅馬修辭學家昆提利安（Quintilian，約 35-95）的《雄辯術教程》（*Institutio oratoria*，又譯《演說術原理》）；而不是出自古羅馬作家傑利烏斯（Gellius，約 123-165）的手筆。

人的代表普羅蒂庫斯[108]。一般來說，在審議一切提案時這種人都傾向於持否定的態度，並且企圖從這種預言將有很大困難和強烈的反對姿態中獲取自己的聲望。如果提案沒有透過的話，他們則歡呼不已；如果提案被透過的話，他們就開始新一輪的謀劃工作。像這樣的欺世盜名之徒，對於一個國家來說，都是一種潛在的禍害。

總而言之，就像商人為了償還債務、財主為了保住自己的富有盛名一樣，這些沒有真才實學的人總是拚命地維護所謂的精明能幹的名聲。不過，就為了維護名聲而玩弄手段和計謀來說，商人和財主簡直不能與他們相比。那些看起來很聰明的人，千萬不要讓他們擔任要職，儘管他們憑藉其手段而獲得了良好的聲譽；與此相反，即便任用那些稍顯愚笨的人，也比任用這些徒有其表的人要好得多。

---

[108] 普羅蒂庫斯（Prodicus）和普羅塔哥拉（Protagoras）都是西元前 5 世紀末至西元前 4 世紀初的希臘智者學派的哲學家，他們是柏拉圖一生的主要政敵，柏拉圖稱該學派是詭辯派。

求情說項

　　如果不知道所求事情的價值，是頭腦簡單的表現；而不知道所求事情是否正當，則是沒有良知的表現。

　　有許多不正當的事由總是有人答應承辦，[109] 由此可見，私下裡找關係請託是一件多麼有損公益的事情。

　　有許多正當的請求，卻總是被貪官汙吏接收轉呈。我這裡所說的貪官汙吏不僅僅指腐敗貪汙的人，還指那些狡詐圓滑的人，這種人總是想攬事但卻沒有誠意去辦事。有些人答應替人轉呈請求的時候，其實並沒有盡心盡力；但是隨著事情的進展，當他發現該種請求由於他人的說情很有希望實現的時候，他又想得到請託人的酬勞，或者是得到部分好處，或者在請託人的希望實現之前，對此加以利用。

　　有些人答應代轉請求，無非是懷有個人的目的或企圖。他要麼想趁此機會接觸某人，要麼去打聽什麼訊息，因為他

---

[109]　在培根生活的那個時代，拜託有權勢的人向朝廷甚至直接向君王提出請求，並代替請求者說項（為了謀求某塊領地、某個職位或某種特許等）是一件正常的事情，只要請求者提出的要求不是很過分，比如培根本人就曾經央求伊麗莎白女王的寵臣埃塞克斯伯爵和身居高位的姨父塞西爾勛爵幫助他向女王求官。在其他方面拜託人說情的現象也很普遍，甚至連法官也總是收到中間人轉交的請求人的禮物。培根於 1621 年失去大法官的職位，就是因為他的政敵發現了他貪贓枉法的證據。

找不到除受託之外的其他更好理由；等到他的目的實現以後，他便不會關心那項請求的成敗。總而言之，這種人實際上就是利用他人的所託之事來實現自己的個人目的。更讓人難以接受的是，有些人接受人家的委託，其實就是想把所託之事搞砸，藉此機會來討好請託人的競爭對手或仇敵。

毫無疑問，一項請求的接受對於受託人來說，無形當中獲得了一種權力。如果請求者想透過受託人的關係而贏得某場官司，那麼主持公道的權力就非受託人莫屬了。如果請求人想透過打點關係而獲得某個競爭職位，那麼評價鑑別的權力自然就落到了受託人的手中。假如受託人在前例中更加偏向無理的一方，那他最好還是在私下解決糾紛，而不讓雙方對簿公堂；假如受託人在後例中偏向才智較為遜色的某人，那他在決定誰擔任這個競爭職位的時候，最好不要詆毀更有資格的競爭者，從而阻礙他人的發展。

如果對別人所託的事由不是很清楚，那最好去詢問某位對該事熟知的朋友，他會告訴你接受此事的利害關係；不過千萬要謹慎地選擇諮詢人，避免被人家的觀點所左右。請託人一般對受託人的敷衍態度最為不滿，所以坦誠待人是最好的策略；要麼一開始就直接拒絕委託，要麼就應該及時告訴請求人所託事情的進展狀況，而且事成之後也不要索取額外的報酬。這樣的坦誠不僅是一種體面，更是一種禮貌。

如果有人來託情謀求一項特別權力[110]，而受託人認為請求人是不應該得到這種權力的，在這種情況下他必須考慮請求人對他的信任，並且如果不能實現請求人願望的話，他不應該利用這個情報，而是應該讓請求者自尋他路，這也算是對人家信任的一種回報。**如果不知道所求事情的價值，是頭腦簡單的表現；而不知道所求事情是否正當，則是沒有良知的表現**。在說項的過程中，如果能夠保守祕密的話，其成功的可能性將極大提高。因為如果大張旗鼓地宣揚，可能會使得其他的說項人退出競爭，但是也有可能導致另外一些人採取緊急措施，甚至更有可能招致新的競爭對手。

不過，把握良機是說項成功的關鍵，它不僅要顧及有權批准請求的重要人物，還要防備那些有可能出面干擾的角色。請求者在選擇介入的時候，可以不考慮選擇權位較高的人，而去選擇更適合請求事項的人；可以不考慮選擇統籌的最高管理者，而去選擇具體事務的分管者。如果在第一次說項時遭到了拒絕，既不要灰心喪氣，也不要怨天尤人；因為等到第二次提出同樣請求事項的時候，獲得批准的可能性將會很大。

對於那些特別受到寵愛的人來說，想要得寸，先要進

---

[110] 這種特許包括獲得到海外經營某個殖民地的權利，或者獲得被處決的陰謀分子的地產，伊麗莎白女王甚至經常把某種商品的專賣權或者某種進口商品關稅的包收權作為特許賞賜給下面的大臣。

尺，這是一條非常適合的原則。但是對於情況相反的人來說，他如果想要一尺的話，最好先只求一寸。因為施恩的人寧可失去第一次來向他討要請求的人，也不願意失去已經獲得過他恩准的說情人以及之前已經給予的恩惠。一般人認為請求大人物寫一封推薦信只是小事一樁，但是他們卻不知道如果推薦理由不充分的話，將是對他名譽的巨大損害。專門以求情說項為職業的人是最為可恨的一類人，因為他們妨害國家的秩序，正如病菌和毒藥侵害人的身體一樣。

完全不拘禮節其實就是教別人怠慢自己，或者是說讓別人不必尊重自己。

榮譽和名聲

一個人如果做事情的時候不善於珍惜和維護自己的名聲，那麼成功帶給他的榮譽將遠遠不及失敗帶給他的名譽損失。

如果個人的美德和價值沒有遭到毀壞的話，那麼這個人獲得榮譽是一件理所當然的事情。有些人畢生的所作所為就是為了追名逐譽，結果雖然他們的名字時常被人提起，但是真正崇敬他們的人少之又少。另外，有些人總是對自己的美德遮遮掩掩，導致輿論低估了他們的自身價值。

如果有人能夠做成一件他人從未嘗試過，或者嘗試過但從未成功，或者成功了但卻不是很圓滿的事情，那與一件雖然更為艱鉅但是已經有人順利完成的事情相比，前者應當獲得比後者更高的榮譽。

如果有人做事很中庸，且他的中庸之舉使得各個黨派、政派、教派、學派都無可挑剔的話，那麼從他那裡唱出的讚歌一定會更加動聽。一個人如果做事情的時候不善於珍惜和維護自己的名聲，那麼成功帶給他的榮譽將遠遠不及失敗帶給他的名譽損失。由於戰勝他人而獲得的榮譽，就像打磨過

的鑽石一樣，可謂光彩奪目。所以，要想獲得高度的榮譽，最好的辦法就是力爭戰勝有聲望的競爭對手；如果可能的話，最好能在他們所擅長的方面戰勝過他們。

言行謹慎的門客和僕人可以最大限度地幫助主人贏得良好的名聲[111]，畢竟「主人的名聲出自僕人之口」[112]。嫉妒向來與榮譽不能相容，所以必須消除來自他人的嫉妒之心，最好的方法就是明確表明自己追求的不是名望而是功績，並把自己所取得的成就歸功於上帝和命運的安排，而不是自己的聰明才智所致。

對於帝王君主或最高統治者來說，他們的榮譽可以劃分為五個等級。第一等榮譽應該屬於那些國家政權的創立者，諸如羅穆盧斯[113]、居魯士大帝[114]、凱薩大帝[115]、鄂圖曼一世[116]和伊斯邁爾一世[117]。

第二等榮譽應該屬於那些立法者，由於他們創立的法典在他們死後繼續治理國家，因而他們被稱為第二奠基人或

---

[111]　英國有句諺語說：「在僕人的眼中是沒有英雄的。」（No man is a hero to his valet.）
[112]　參見西塞羅《執政官競選手記》第 5 章。
[113]　羅穆盧斯（Romulus）是古羅馬王政時代的第一代國王、羅馬城的建立者。
[114]　居魯士大帝（Cyrus）是波斯阿契美尼德王朝的第一任君王（在位期：前 549- 前 530）。
[115]　凱薩大帝是羅馬共和國和羅馬帝國的過渡者（當政期：前 49- 前 44）。
[116]　鄂圖曼一世（Osman I）是鄂圖曼帝國的建立者（在位期：1281-1326）。
[117]　伊斯邁爾一世是伊朗薩非王朝的締造者（在位期：1502-1524）。

「萬世之君」。像這樣的統治者有萊克格斯[118]、梭倫[119]、查士丁尼一世[120]、埃德加[121]和編纂並頒行《七章法典》（*Siete Partidas*）的阿方索十世[122]。

第三等榮譽應該屬於那些拯救國家於水深火熱之中的人，他們要麼拯救國家逃離異族或暴君的奴役，要麼結束長期的國內戰亂，使得人民安定下來。像這樣的雄主有奧古斯都[123]、維斯帕先[124]、奧勒良[125]、狄奧多里克[126]、英王亨利七世[127]和法王亨利四世[128]。

第四等榮譽應該屬於那些保衛或者拓展國家的人，他們

---

[118]　萊克格斯（Lycurgus，又譯來庫古），大約生活在西元前 9 世紀至前 8 世紀，據說他是古斯巴達的立法者。

[119]　梭倫（Solon）是古雅典的政治家，西元前 594 年擔任首席執政官，主持修改了憲法，制定新的法典，史稱「梭倫立法」。

[120]　查士丁尼一世（Justinianus I）是拜占庭帝國的皇帝（在位期：527-565），曾經主持編纂了《查士丁尼法典》（*Corpus Juris Civilis*）。

[121]　埃德加（Edgar）是古英格蘭撒克遜系第 12 代王（在位期：959-975），同時他也是英格蘭第一位立法者。

[122]　阿方索十世（Alfonso X）是西班牙卡斯蒂利亞及萊昂王國的國王（在位期：1252-1284）。

[123]　奧古斯都就是屋大維，結束了凱薩死後群雄互相爭戰的局面，使得分裂的羅馬重新得到統一。

[124]　維斯帕先結束了尼祿死後羅馬帝國內部的混戰局面。

[125]　奧勒良（Aurelianus，在位期：270-275）結束了羅馬塞維魯王朝覆滅後「三十僭主」時期的內亂，並且還打敗了外來民族的入侵，恢復了羅馬帝國的統一，最終他獲得了「世界光復者」的稱號。

[126]　狄奧多里克（Theodoricus）在 495 年打敗了統治義大利的鄂多亞克 （Odaocer），並建立了東哥特王國，其管理制度多採用羅馬舊制。

[127]　英王亨利七世在 1485 年結束了「玫瑰戰爭」，這場戰爭歷時 30 年，其後他便開始了都鐸王朝的統治。

[128]　法王亨利四世結束「胡格諾戰爭」後，在 1598 年頒布了《南特敕令》，宣布天主教為國教，同時保證胡格諾教徒享有信教自由的權利，在歐洲開創了宗教寬容的先例。

要麼在激烈的戰爭中擊退了敵人的來犯，要麼在體面的戰爭中擴展自己國家的領土。第五等榮譽應該屬於那些善於治理國家、建構和諧盛世的君王。這後兩類君王的例子太多，就不一一列舉了。

對於大臣們來說，他們的榮譽可分割分為四個等級。第一等榮譽應該屬於那些能替君王分擔重大任務的臣子，即分憂之臣，也是後人們津津樂道的良相能臣。第二等榮譽應該屬於能幫助君王征戰並建立宏大偉業的將才，即統兵之臣。第三等榮譽應該屬於那些能替君王排解憂慮並不禍國殃民的內臣，即心腹之臣。第四等榮譽應該屬於那些身居高位、忠心耿耿並勤於事務的能臣，即稱職之臣。此外，還有一個最高階別的榮譽，這樣的殊榮只屬於那些為國捐軀的忠臣，比如雷古盧斯 [129] 和德西烏斯父子 [130]。

---

[129]　雷古盧斯（Marcus Atilius Regulus，? - 約前 249），古羅馬的將軍，西元前 255 年在第一次布匿戰爭中被迦太基人抓獲，後來隨迦太基使團去羅馬商議求和，趁著這次機會他大力說服元老院繼續發動對迦太基的戰爭，然後遵守承諾，返回迦太基，後來被殺。

[130]　德西烏斯父子同名（Publius Decius），均擔任過古羅馬執政官並都在薩莫奈戰爭中為國捐軀。西元前 340 年，父親死於坎巴尼亞戰役；西元前 295 年，兒子陣亡於森提努姆戰役。維吉爾在他的著作《艾尼亞斯紀》（*Aeneid*）第 6 卷第 824 行中談到了這對父子。

遠遊

　　遠遊對於年少的人來說，無疑是教育的一部分，對於年長的人來說則是經驗的一部分。

　　遠遊對於年少的人來說，無疑是教育的一部分，對於年長的人來說則是經驗的一部分。沒有學習過某個國家的語言而直接去這個國家，與其說是去那裡遊玩，倒不如說是去那裡求學。我很贊成年少的人應當跟隨導師或者帶著可靠的侍從去遊歷，只要那導師或者侍從懂得所去的國家的語言，並且曾經到過那裡就是了。因為如此，他就可以告訴那同去的年少的人在所去的那個國家裡什麼地方應當去看看，什麼人應該去結識，並且有什麼樣的閱歷訓練可以收穫。如果不是這樣，年少的人去到國外就像霧裡看花一樣，儘管作客他鄉，但是所獲得的見聞是很少的。

　　遠遊的人有一個奇怪的習慣，當他們在海上航行的時候，除了天和海之外，沒有什麼可以看的，於是他們往往會寫日記，但當他們在陸地上旅行的時候，有許多景象可以觀察欣賞的時候，他們卻往往懶得動筆，好像刻意的觀察沒有偶然的所見更值得去認真動筆記載。所以，我們必須養成寫日記的習慣。

　　遠遊的人如果遇到該國的君王們接見各國使節的時候，應當觀察這個國家的皇家宮廷；如果遇到法官開庭審案的時候，應當觀察這個國家的訟庭法院；還應當觀察各種教堂寺院以及其中的歷史古蹟；觀察各個教派舉行的宗教會議；觀察碼頭和海港、遺蹟和廢墟；觀察各城鎮的牆垣及堡壘要塞；觀察都市近郊壯美的建築和花園；觀察書樓和學校以及幸運遇到的各辯和演講；觀察馬術、擊劍、兵訓及諸如此類的操演；觀察當地上流人士趨之若鶩的戲劇；觀察珠寶服飾和各類珍奇標本；觀察這個國家的航運船隊和軍艦；觀察軍械庫、大倉房、交易所和基金會。一句話，應該觀察一切值得去看的風景名勝和當地的風俗民情，隨行的導師或者貼身侍從會引導你去那些該去的地方。

　　至於化裝舞會、慶祝大典、婚事葬禮以及行刑等熱鬧的場面，遊玩者不必過分在意，但也不應該故意躲避。如果要讓一名年紀較小的人在短時間內遊歷完一個小國家並且要求他收穫很多，那麼他必須做到以下幾點：首先，就像上文所提到的，在動身之前他必須了解所去國家的語言；其次，他身邊還得有一位熟悉這個國家的私人導師或隨從；最後，他必須隨身攜帶一些關於該國的書籍或地圖，以便隨時查閱來解決心中的疑惑；他還要養成寫日記的習慣，堅持每天寫日記。

　　沒有必要在一個城鎮長久居住，時間的長短可視具體情況而定，但是不要停留太久；不僅在一個地方居住的時間不宜過長，而且要在那個地方不斷地變換住處，這樣可以認識更多的人；他盡量不要與本國人交往，應該在可以結交當地人的地方用餐；從一個地方邁往另一個地方時，他必須獲得來自另一個地方的上層人物的推薦信，這樣的話可以在適當的時候獲得他的幫助，比如想結識一下當地的某些特殊人物或了解重要事情等。如果他可以做到這幾點，那麼就能在很短的時間內收穫很多東西。

　　至於在旅行中應當與什麼樣的人相識，我覺得各國使節的祕書雇員之類的人是最值得結交的，這樣你就可以在一個國家內獲得多個國家的旅行經驗。

　　遊玩者也應該去拜訪一下當地的名人，這樣可以檢驗他們是否與自己的名聲相符。旅行中說話一定要謹慎，防止不必要的爭吵，要知道爭吵的原因大多是為情人、飲酒、座位或說話冒失。遊玩者與脾氣暴躁且容易爭吵的人一起旅行時一定要特別小心，因為後者極有可能把隨行者也牽涉進他自己的爭吵中。

　　遠遊的人回到自己的國家後，不要忘記與那些曾經結識的朋友保持連繫，時刻在腦中回憶著經歷過的那些國家。另外，僅僅讓遠遊者穿著或者舉止展現出其遠遊的經歷，還不

如直接在談話中得到展現。但是在與別人的交談中，關於自己的遊玩經歷要謹慎問答，不要只顧津津樂道。他還須注意一點，不要由於學習了國外的一些東西就改變或者放棄本國的某些風俗習慣，而應該把在國外學到的精華部分與本國的很好地結合起來。

三　一切事物都轉瞬即逝

真理

真理是一種沒有遮攔的日光。

善於戲謔的彼拉多曾問:「真理是什麼呢?」[131] 問了之後並不肯等候回答。世界上的確有些人喜歡把意見變來變去,並且認為固定了一種信仰就等於上了一套枷鎖,因此他們在思想和行為上也要求意志自由。雖然這一流的各派哲學家已經成為過去,[132] 然而天下仍有些愛誇誇其談的才子和他們同聲同氣 —— 雖然這般人比起古人來血氣薄弱一點。但是人們喜歡假象的原因,不僅是人們找尋真理時的艱難困苦,亦不是找尋到了真理之後,真理所加於人們思想的約束,而是一種雖然說是惡劣的,但對於假象本身的天生的喜好。

希臘晚期哲學學派中有人[133]曾研究過這個問題,他不懂得假象之中有什麼東西會使人們喜愛假象本身,因為假象既不像詩人一般可以從中獲取樂趣,引人入勝;也不能像商人

---

[131] 參見《新約·約翰福音》第 18 章第 37 ～ 38 節,耶穌在接受審判的時候,說他為了證明真理才來到人世間,於是羅馬駐猶太和撒馬利亞地區的總督彼拉多問:「真理是什麼呢?」

[132] 這裡是指源於皮浪(Pyrrhon,前 360- 前 272)的古希臘懷疑論等學派。

[133] 希臘諷刺作家盧奇安(Lucian, 120-180)曾經在他的《愛假論》中批判懷疑論者。

那樣可以從中撈得利潤，享用利益；愛好假象的人之所以愛假僅僅是為了假象本身的緣故。但是我不能隨意地下結論，因為上述的真理可以說是一種沒有遮攔的日光，如果要使得世間的種種假面舞會、化裝演出和勝利慶典的氣氛更加高貴典雅，這種光線遠遠不及燈燭的光線。在人們的眼裡，真理或許很可貴，就像在光天化日下最燦爛奪目的珍珠，但是它絕對搆不上那種在各種不同的光線下顯得最美最炫的鑽石和紅寶石。

　　人們喜歡錯覺假象的混合物帶給他們的歡樂。如果虛無的印象、迷人的憧憬、失當的評價、天馬行空般的想像以及與這些相類似的東西從人們的頭腦中移除的話，那麼恐怕大多數人都只會剩下一個呆板而無趣的大腦，漂於頭腦中的也只有憂鬱不安和自怨自艾，甚至連自己看起來也討厭。對於這一點會有人懷疑嗎？早期的一位先人曾經很嚴厲地把詩叫做「魔鬼的酒漿」[134]，因為詩歌能占據人的想像，然而詩歌不過是帶有假象的影子罷了。大概有害的不是那從心中經過的迅速閃現的錯覺，而是上文所說的那種沉入心底並在心中永存不可抹去的假象。但是即便這些假象深深地根植於人們墮落的觀念與情感之中，只接受自身評判的真理依然教導我

---

[134]　聖哲羅姆（St Jerome，347-420）曾經說過「詩是魔鬼的珍饈佳餚」，聖奧古斯丁（St Augustine，354-430）則說：「詩是謬誤的瓊漿玉液。」於是培根將二者的說法合一，這也是有他自己的道理的。

們探究真理，認識真理並相信真理。

探究真理，要求我們要像求愛求婚那樣對真理執著；認識真理，要求我們要和真理不離不棄，形影相隨；而相信真理，則要我們去享受找尋到真理的樂趣，這些是人類天性中最高的美德。

在上帝創造宇宙的那幾日中，感覺的光明是他創造的第一件東西，理智的光明是他創造的最後一件東西[135]；從那以後一直到現在，在工作完畢而休息的期間內，他的作為全是以他的生靈昭示世人。起初他在萬物或混沌的表面上吹吐光明；然後他又向人的面目中吹入光明；到如今他還往他的選民[136]的臉龐注入靈光。那個曾經為伊比鳩魯學派增光，從而使這個學派不遜於其他學派的詩人[137]說得很好：「站在岸上看船舶在海上顛簸是一件樂事；站在一座城堡的窗前看下面的戰爭和它的種種經過是一件樂事；但是沒有一件樂事能與站在真理的高峰（一座高出一切的山陵，在那裡的空氣永遠是澄清而寧靜的）目視下面空谷中的錯誤與徬徨、迷霧和風雨相比擬。」只要看的人對這種光景永存惻隱而不要自滿，那麼以上的話可算是說得極好了。當然，一個人的心如果能

---

[135]　參見《舊約·創世記》第 1 章第 3 節和第 2 章第 7 節。
[136]　上帝的選民一般是指以色列人，後來指那些信仰上帝的世俗凡人。
[137]　古羅馬哲學家、詩人盧克萊修（Lucretius）在他的長詩《物性論》（*On The Nature of Things*）中用形象生動的語言描述了伊比鳩魯學說中的抽象哲學概念。下文也是引自《物性論》第 2 卷。

以仁愛為動機，以天意為歸宿，並且以真理為地軸而旋轉，那麼這人的生活可真是地上的天堂了。

從教義和哲學中的真理再說到世俗交往中的真理，即使那些行為並不坦白正直的人也會承認行為光明磊落是人性的光榮，而混淆真假則就像往金銀幣裡摻和金子，也許可以使那金銀用起來方便一點，但是把它們的品質卻弄賤了。因為這些曲曲折折的行為可說是蛇走路的方法，蛇是不用腳而是很卑賤地用肚子走路的。表裡不一、背信棄義差不多算是最令人不齒的行為了。所以，蒙田（Montaigne）在他研究為什麼撒謊是說謊人的一種恥辱和可恨之極的罪責時，很形象地說道：「仔細考慮起來，要是說某人說謊就等於說他對上帝很大膽，對世人很怯懦。因為謊言是面對上帝而躲避著世人的 [138]。」曾經有個預言，說基督重臨的時候，他將在地上找不到忠信 [139]。所以謊言可說是請上帝來裁判人類全體的最後鐘聲。對於虛假和背信的罪惡，再沒有比這個說法揭露得更高明了。

---

[138]　參見《蒙田隨筆》（Essays of Michel de Montaigne）卷二第 18 篇《論說謊》。
[139]　參見《新約·路加福音》第 18 章第 8 節。

預言

　　我認為對於這樣的預言應該一笑了之，它們好比冬天人們圍著爐火聚會的話題；一笑了之是就信與不信而說的，別無其他。

　　我在這裡談論的不是異教徒的偈語，更不是神靈的啟示，也不是自然界的某些預兆，而只是留存在人們的記憶中已經應驗，但是卻絲毫不曉得其中緣由的預言。正如女巫曾經對掃羅說的那樣：「明天你和你的子女們將和我同在。」[140] 維吉爾在荷馬那裡借用了下面的詩句：所有的國土將被艾尼亞斯的族人統治，他兒子的兒子，一直到後世的子子孫孫。[141] 這簡短的兩行詩句，似乎暗含著羅馬帝國的興起。[142] 悲劇詩人塞內卡曾經寫過這樣的詩句：

　　　在遙遠的將來會有那麼一天，

---

[140] 根據《舊約・撒母耳記上》（*1 Samuel*）第 28 章記載，這個預言實際上是女巫招來的已故希伯來先知撒母耳所說，後來應驗為在與非利士人爭戰時，掃羅受傷自殺，同時他的三個兒子也陣亡。

[141] 參見維吉爾《艾尼亞斯記》第 3 卷第 97 ～ 98 行，荷馬的原詩是：「艾尼亞斯的力量將統治特洛伊人，直到他兒子的兒子，後世的子子孫孫。」（《伊里亞德》（*Iliad*）第 20 卷第 307 ～ 308 行）

[142] 傳說英雄艾尼亞斯帶領戰敗的特洛伊人去海外尋找新的國土，最後在義大利建立了羅馬。

大海將解開束縛世界的鎖鏈，

一片廣闊的陸地將為人所知，

另一位忒修斯將發現新世界，

極地圖勒將不再是地角天邊。[143]

　　短短幾句詩歌，字裡行間似乎預示著美洲大陸的發現。波呂克拉特的女兒曾經夢到阿波羅替她父親塗油，朱庇特替她父親沐浴，結果她的父親果然被釘死在十字架上，有太陽曬得他汗流浹背，有大雨澆淋他的身子。[144] 馬其頓國王腓力二世曾經夢見他封鎖了妻子的腹腔，於是他認為自己的妻子可能不會生育，但是預言家亞里斯坦德（Aristander）卻說他的妻子其實已經懷有身孕，因為人們一般情況下不會封閉空無一物的器皿。[145] 一個出現在布魯圖帳中的鬼魂對他說：「你和我將會在腓力比見面。」[146] 提比略曾經對加爾巴說：

---

[143]　參見塞內卡的悲劇《美狄亞》第 2 幕第 374 ～ 378 行。詩中的忒修斯（Tiphys）是希臘神話中的阿耳戈船英雄之一，英雄們尋覓金羊毛的時候就是由他引航的。極地圖勒（Ultima Thule）是古代地理學家對冰島、挪威等地的稱呼，泛指北極地區。

[144]　參見希羅多德（Herodotus）的《歷史》（Histories）第 3 卷第 124 ～ 125 節。波呂克拉特（Polycrates）是西元前 6 世紀薩摩斯島的統治者，由於在愛琴海上進行可恥的海盜活動而為人所銘記，臭名遠颺，西元前 522 年被波斯帝國駐呂底亞總督奧瑞忒斯（Oroetes）抓獲，最後被釘於十字架上而死。

[145]　參見普魯塔克（Plutarch）《列傳・亞歷山大篇》。這個夢驗證了腓力二世的妻子生下後來的亞歷山大大帝。

[146]　參見普魯塔克《列傳・布魯圖篇》。鬼魂的言語應驗在腓力比戰役中，布魯圖敗於屋大維、安東尼聯軍，最後自殺身亡。

「在將來的某一天，你也會品嚐到作為皇帝的味道。」[147] 在維斯帕先時代，東方就有一個預言四處流傳，說是世界將由從猶太地來的人統治。雖然人們都認為這個預言說的就是我們的耶穌基督，但是塔西佗解釋說是指維斯帕先。[148] 圖密善（Domitian）在被刺的前一晚上做了一個奇怪的夢，他夢見一顆金頭顱長在自己的頸背上，後來在他的後繼者們的努力下，羅馬帝國果然出現了持續多年的「黃金時代」。[149] 英王亨利六世曾經指著為他端送茶水的少年伯爵，對身旁的人說：「這小夥子將來會擁有我們現在所爭奪的這頂王冠。」後來，那個少年果真當上了英國的國王，他便是亨利七世。[150]

我在法國的時候，曾經遇到一位名叫佩納的醫生，他說對占星術深信不疑的法國王太后，曾經透過擬定假名讓占星術士幫她的丈夫算命。最後術士預言，她的丈夫將會死於一場決鬥。當時王太后聽了大笑，心想誰敢向國王挑戰決鬥

---

[147] 參見蘇維托尼烏斯（Suetonius）《加爾巴傳》，但是文中的引用實際上是奧古斯都所說。《加爾巴傳》第 4 章第 1 節說：「眾所周知，當小加爾巴和一群孩子向奧古斯都請安的時候，奧古斯都捏了一下他的臉蛋說：『孩子，在將來的某一天，你也會品嚐到作為皇帝的味道。』而提比略知道這個預言後只是說：『好哇，讓他活到那一天吧，那個時候我們與他已經互不相干。』」

[148] 參見蘇維託尼烏斯《維斯帕先傳》第 4 章第 5 節和塔西佗《歷史》第 5 卷第 13 章。當時維斯帕先正在東方帶兵鎮壓耶路撒冷的猶太人起義。

[149] 參見蘇維託尼烏斯《圖密善傳》第 23 章第 2 節。「黃金時代」指 96-192 年羅馬帝國的「太平盛世」，那個時期由安敦尼王朝統治。

[150] 參見英國史學家霍林希德（Holinshed）的《英格蘭、蘇格蘭、愛爾蘭編年史》（*Chronicles of England, Scotland and Ireland*），莎士比亞曾經從這本書中取材寫成三聯劇《亨利六世》（*Henry VI*），培根所列舉的事也可以參見莎翁的《亨利六世下篇》第 4 幕第 6 場第 68 ～ 70 行。

啊。但是後來她的丈夫確實死於一次馬上的比武較量，由於他的對手衛隊長蒙哥馬利的矛桿裂片不小心刺入了他的護面具而導致他當場身亡[151]。我本人年幼的時候，那時伊麗莎白女王還很年輕，就曾聽說過一個流傳已久的預言：

> 大麻一旦被紡，英格蘭就滅亡。

當時的人們通常認為，這是在預言都鐸王朝的歷代統治結束以後，[152]英格蘭就要陷入內亂紛爭的境地；不過真的必須感謝上帝，這個讖言最後只是應驗在了稱號的變更上，這是因為當今的國王的稱號是不列顛國王，而不是英格蘭國王。[153]在1588年以前，曾經有一則民謠廣泛流傳，直到今天我依然不明白其中的含義。民謠說：

> 有朝一日你將看見，
> 在巴島與梅島之間，
> 挪威黑艦隊的艦船。
> 等黑艦隊一朝覆亡，
> 英格蘭將修屋造房，
> 因從此再不會打仗。

---

[151]　法王亨利二世由於比武受傷，於1559年不治身亡。

[152]　將都鐸王朝的 Henry VII（亨利七世）、Edward VI（愛德華六世）、Mary I（瑪麗一世）、Philip II（瑪麗一世的丈夫、西班牙國王腓力二世）和 Elizabeth I（伊麗莎白一世）名字的第一個字母連在一起即為 Hempe（大麻）。

[153]　雖然詹姆斯一世自稱不列顛國王，但是當時的英格蘭與蘇格蘭並沒有真正合併。

人們一度認為這是在預示 1588 年來侵犯的西班牙艦隊 [154]，因為據說挪威就是那位西班牙國王的小名。另外雷喬蒙塔努斯 [155] 那句「88 年將會是一個奇蹟年」，也同樣被認為是西班牙大艦隊遠征的前兆；因為這個艦隊雖然數量不是有史以來最多的，但是力量卻是最強的，是海面上出現的最強大的艦隊。至於克里昂的那個夢，我認為僅僅是一種調侃，調侃的人說克里昂夢見他被一條長龍吞噬，而惹他極度煩惱的臘腸販子就是他夢中的的那條長龍。[156] 如果把占星術士的偈語和人的夢兆都給算上的話，那麼像這樣的預言真是不計其數，我只是記錄上述中比較有說服力的作為例子。

我認為對於這樣的預言應該一笑了之，它們好比冬天人們圍著爐火聚會的話題；一笑了之是就信與不信而說的，別無其他。像對這類預言的散布和流傳，我們就不能不去控制和限制，而且我在法國就看到過很多國家的法律都對此嚴加禁止。人們往往接受預言並相信它，其主要原因有三個。其一是人們總是注意到預言的應驗，而卻忽視它們的落空，對

---

[154]　西班牙的無敵艦隊在 1588 年 5 月遠征英國，在英吉利海峽遭到了英國海軍的狙擊，損失十分嚴重，剩餘的艦船被迫繞著蘇格蘭返回，路上有可能穿過巴（斯）島和梅島之間（在弗斯灣）。

[155]　雷格蒙塔努斯（Regiomentanus, 1436-1476，原名 Johann Müller），德國天文學家、數學家，著有《預言》一書，在 1472 年他就觀測到了被後世命名為「哈雷」的那顆彗星。

[156]　希臘喜劇詩人阿里斯托芬（Aristophanes）曾經寫作《騎士》（*The Knights*）一劇，對雅典統帥克里昂（Cleon，? - 前 422）進行了辛辣的諷刺。該劇把克里昂寫成一個家奴，而他的頂頭上司卻是一位製作臘腸的小商販。

於夢兆的注意也是這個樣子。其二是意義含混的傳說或者有
充分依據的推測，傳來傳去，最後都會成為預言。這是由於
人天性就喜歡預測未來，他們認為把自己的推測作為預言而
傳播，這並沒有什麼妨害，這就像前文中引用的塞內卡的詩
句那樣；在大西洋以外的地球，還存在有廣大的區域，這一
點已經被當年的理論證明 [157]，並且這片廣大的區域不一定是
汪洋大海；另外，柏拉圖曾經在他的對話《克力同篇》（Cri-
to）和《蒂邁歐篇》（Timaeus）中對大西島 [158] 進行描述，這
無形當中鼓勵了人們將推測變為一種預言。最後是第三個原
因，也是最重要的一個。那些不計其數的預言幾乎都是虛假
的，它們不過是由一些閒來無事的人在事情發生之後，透過
精心的編造而得出的謊言。

---

[157] 比如古希臘地理學家埃拉托斯特尼（Erastothenes，前 275- 前 195）的《地理
　　　 學》就對這個問題有較為深入的論述。

[158] 大西島（Atlantis，又譯亞特蘭蒂斯）是古代傳說中的一個島嶼，相傳位於大
　　　 西洋直布羅陀海峽以西，後來隨著時間的推移就慢慢沉沒了。柏拉圖在他的
　　　 兩篇對話中詳細描述了該島上的文明狀況，因此「大西島」又被看作「烏托
　　　 邦」的同義詞。

革新

我們訪問古道，站在路上檢視，找出哪條是善道，然後沿著這條道路走下去。

毫無疑問，新事物是經過時間長期孕育的產物。正如動物在剛剛出生的時候，牠們的外貌都非常醜陋一樣，新生的事物在剛剛出現時也不是很出眾的。但是儘管如此，就像最初讓大家族獲得榮譽的人，比後世維護和保持這個榮譽的人更值得尊敬一樣，開天闢地的創始者事例，並不是後世之人所能效仿和借鑑的。因為對於那些偏離正道的人性來說，作惡的行為就像一個落體運動，速度隨著下落越來越大，力量也是越來越大；而善的行為就像是一個拋物體的運動，只有剛開始丟擲的那股力量最大。

時間是一切事物的最偉大創造者，正因為如此，雖然每一種新藥的產生都是一項創新，但是不願意使用新藥的人卻不得不面對新的疾病。如果時間遵守它自身的規律使得事物慢慢地衰敗，而人的智慧和靈性又不能使那些事物更新，那麼最後的結果將會是什麼樣子呢？我們都明確地承認這一點，即透過習慣形成的例子雖然不可避免地帶有缺陷，但也

是符合那個時代和人事的，而且長期累積下來的許多規矩和習俗互為補充，相輔相成。但是，新生的事物與這些老規矩、老習俗不能有效地融合在一起，儘管新生事物由於自身的效用而有助於人們，但是也會由於它們與舊事物的格格不入而使人們感到不適，甚至引起比較大的麻煩。

還有一點，新事物就像是從遠方來的客人一樣，由於不是長時間的接觸，使得人們對它敬而遠之。不過，假如流逝的時間真的停滯不前，那麼對舊的習俗和規矩的執著和保守也會像開創新風一樣引起不小的動盪；同時由於這種動盪，使得那些固執的保守者們成為新時代的笑柄。因此可以從中看出，人們要是創新的話，還是得遵循時間的軌跡，依照時間的程式來進行改革雖然算不上什麼大的創造，但是可以避免明顯的動盪，甚至讓人們毫無察覺。

如果不是那樣的話，一切改革創新都會讓人感到非常意外，在改良社會的同時，也有不良的影響存在；從改革中獲得利益的人雖然認為這是幸運的事情並把它歸功於時代的發展，但是受到不良影響的人卻會認為這是罪大惡極的事情，並把它歸咎於倡導改革的人。

最為重要的一點是，不要隨意嘗試政體改革，除非局勢到了非改革不可的地步，或者是改革的話將會收到意想不到的效果。此外，改革應當是能帶來進步性質的變化，而不是

假裝喜歡變化而有意改革。還有一點也必須注意,新鮮事物不一定都是改良創新的結果,我們不能不假思索地全盤接受。就像《聖經》所說的那樣:「**我們訪問古道,站在路上檢視,找出哪條是善道,然後沿著這條道路走下去。**」[159]

[159]　《舊約・耶利米書》(*Jeremiah*)第 6 章第 16 節說道:「耶和華說,你們應該在路口處檢視,尋找那些舊路古道,找出最好的道路,然後行走其上,這樣你們的心就會得到安寧。」

世事之變遷

所羅門說人世間並沒有新發生的事情。

所羅門說人世間並沒有新發生的事情。[160] 就像柏拉圖所認為的那樣 —— 所有的知識只不過是在回憶[161] 一樣，所羅門也認為任何新的事情只不過是被人遺忘了的往事而已。[162] 由此看來，勒忒河[163] 不僅在冥國一直流淌，在人間也是如此。曾經有位經驗豐富的占星學家[164] 說，人世間有兩種互古不變的東西，一種是恆星，它們之間不離不棄，保持著相等

---

[160]　參見《舊約·傳道書》第 1 章第 9 節：「已經發生的事情，以後還要發生。已經做出的行為，以後還要做出。太陽底下並沒有新鮮的事情。」

[161]　參見柏拉圖《對話集·斐多篇》（*Phaedo*）。柏拉圖認為，人的靈魂是永存不朽的，人在出生以前生活在理念的世界，自由而充滿智慧，但是人在出生之後，由於靈魂受到肉體的禁錮，因此便失去了自由和知識。如果想要重新獲得知識的話，那麼必須進行回憶，在閉目塞聽的狀態下，用精神的力量重新喚起理念世界中原有的記憶。

[162]　參見《舊約·傳道書》第 3 章第 15 節：「現今的事早先就有了，將來的事早已也有了，並且神使已過的事重新再來（或作：並且神再尋回已過的事）。」

[163]　勒忒河是希臘神話中的冥國忘川，進入到冥國的鬼魂只要喝一口忘川的水就會忘記所有人世間的事情。

[164]　大部分西方學者認為這位「占星學家」極有可能是指義大利哲學家泰萊西奧（Bernardino Telesio, 1509-1588），這是因為泰萊西奧的著作《物性論》（*De rerum natura juxta propria principia*）第 1 卷 10 章中有類似的說法。另外，培根本人對泰萊西奧也十分推崇，稱他是「第一個現代人（first of the moderns）」。

的距離；另一種是周日運動[165]，永遠嚴守著時刻。除了這兩種之外，世間的一切事物都轉瞬即逝。毫無疑問，一切事物都在不停地變化，從來沒有停止過。但是這世界上有兩塊巨大的裹屍布，它們能把過去的一切都掩埋掉，這就是洪水和地震。

　　說到大火與乾旱，雖然它們可以造成毀滅，但絕不是毀滅性的。法厄同（Phaethon）駕馭著太陽車也就跑了一天。[166]以利亞時代的那場大旱雖然持續了三年，但是僅僅限於一個地區，最後人們還是度過了乾旱的季節[167]。至於在西印度[168]常見的大火，由於其由雷電引起，因此燃燒範圍是非常有限的。這裡需要進一步闡明的是，雖然說在毀滅性的洪水和地震中，肯定有人倖免於難，但是這些倖存者大部分是一些沒有文化基礎的山民，他們沒有辦法對過去的一切進行記載，最後導致的結果就與沒有人存在一樣，所有的往事塵埃都被埋藏在了遺忘的歷史中。

　　如果仔細考察一下西印度人，就會發現他們與舊大陸的各民族相比較的話，他們是一個更新的種族，或者說是

---

[165]　周日運動（diurnal motion）是指在太空中的每一個恆星，在恆星日內圍繞天軸由東向西旋轉一周的運動。實際上這就是地球自西向東不斷自轉的反映。

[166]　根據古希臘的神話傳說，法厄同是太陽神赫利俄斯的兒子，他曾經私自駕馭著父親的太陽車外出，差點使得整個世界被火焚燒；幸好遇到了宙斯，將其用雷電擊死，這才使得世界得以儲存。

[167]　參見《舊約·列王紀上》（1 Kings）第17～18章。

[168]　當時的人們用「西印度」來指代所發現的美洲。

一個少不更事的年輕人種。而更加有可能的是，儘管埃及的祭師曾經告訴過梭倫，由於一場地震，大西島沉沒了 [169]，但是曾經在西印度發生的毀滅性災難並不是地震，而是一場特大的洪水災害，因為在那裡很少會發生地震。而且從另一方面看，許多浩蕩的大河分布在西印度地區，歐、亞、非三洲的河流與其相比的話簡直就是小溪。另外，他們的安第斯山也遠遠高過我們歐洲的山脈。因此不難想像，那裡倖存的人類正是由於高山的存在才得以在洪水中倖免。對於馬基維利的看法，我卻不認同。他認為由於宗教的相互鬥爭才導致了人類對往事的遺忘，並且還聲稱教皇格里高利一世（Gregory I）曾經竭盡全力地消滅各種宗教的古蹟古俗。[170] 但是我認為宗教的狂熱不會發揮那麼巨大的作用，也不可能持續那麼長的時間，比如在格里高利之後的薩比尼安教皇，他就積極復興多種宗教的風俗習慣。[171]

　　本文不討論關於第十重天 [172] 的變化，但是如果世界真的

---

[169]　希羅多德和普魯塔克就梭倫在埃及（以及塞普勒斯和小亞等地）的 10 年遊歷都有一些記載；關於「大西島」的沉沒，可以參見本書《論預言》的最後一段及其註釋。

[170]　參見馬基維利《論李維》第 2 章第 5 節。

[171]　薩比尼安教皇（Sabinian）在位時（604-606）曾經有一段時間多神教比較活躍。

[172]　據古希臘天文學家托勒密的《大綜合論》（*Almagest*）所述，靜止不動的地球乃宇宙之中心，中心外有十重天，每重天下有若干天體圍繞地球旋轉，其動力來自被稱為第十重天的第一運動（Primum Mobile）。

像人們所希望的那樣長久，那麼柏拉圖所說的「大年」[173] 也許真的會發揮些作用，不過這種作用不是使每個具體的人死而復生，而是使整個世界周而復始，不斷循環。對世間的大事來說，彗星有些不可低估的影響力和作用力，但是人們只是仔細觀察和注視它們執行的軌跡，卻往往忽視了它們所帶來的影響，尤其是那些互不相同的影響。透過觀察不同彗星的顏色、光線變化、亮度以及出現在天空中的位置和持續時間，可以推斷出哪一種彗星將帶來什麼樣的影響。由於人們往往忽視了這些，結果也就得不到任何關於彗星影響的啟示。

曾經聽說過一件有趣的事，而我卻不願意這件事情不被人注意就被遺忘了。據說有人在低地國家[174] 觀察到，相同的年景和氣候每隔三十五年就會重複出現一次，如多雨、大旱、嚴霜、涼夏和暖冬等等。這種現象被他們稱為「復初」。我回顧過去的時候也發現過相似的現象，這就是我要提及這件事情的原因。

我們現在暫且拋開自然界的變遷，來談一談人世間的變化。宗教派別的更迭恐怕是人世間最大的變化，真正的教會

---

[173]　參見柏拉圖《對話集·蒂邁歐篇》。古代的人們把天體完成所有公轉之後重新回到它們的起點那一年稱為「大年」（great year），並且認為世界從這一年又重新開始。赫拉克利特認為，8 萬年是一個大年的週期，但是一般人認為是 7,777 年。現代的天文學繼續沿用「大年」這個名稱術語，但是指春分點沿著黃道運動一週的週期，大概是 25,800 年。

[174]　在 16 世紀以前是指荷蘭地區，後來是指比利時、盧森堡、荷蘭等國。

建立在那塊磐石之上，[175] 其餘的教會則在歷史的長河中顛沛流離。所以我在這裡只想談談新的教會派別得以產生的原因，並就其產生的原因提一些個人的建議，期望人類的認知能力能夠制止這麼巨大的變更。

當一個為大眾廣泛接受的教會由於內部的原因而分裂時，當教徒們的神聖感所剩無幾，其行為作風也有傷教規時，並且這種情況發生在一個愚昧無知的野蠻時代，那麼人們就應該可以預料到將會有一個新的宗教產生，特別是再有什麼奇人怪士自稱是某個新教領袖的時候。當年穆罕默德（Muhammed）宣布其律法時，正好位於一個具有上述所有特點的時代。但是新教派如果沒有以下兩種特點，人們就不用擔心它會廣泛傳播。這兩種特性之一是：取代或者反對已經確立的權威，這是最為深得民心的舉措了；其二就是允許教徒過一種縱慾的生活，因為純理論的異端邪說就像古時的阿里烏派[176]和當今的阿米尼烏斯派[177]那樣，雖然一時半會兒可以迷惑民心，但是卻沒有能力造成巨大的政局變動，當然他們憑藉政治活動除外。新教

[175] 「真正的教會」是指基督教會，「磐石」的說法參見《新約·馬太福音》第16章第18節。

[176] 阿里烏派是早期基督教一種「異端」教派，其領袖阿里烏（Arius，約250-336）拒絕接受「耶穌（聖子）與上帝（聖父）同性（同體）」之正統信條，在325年的尼西亞宗教會議上被宣布為「異端」。該教派還反對教會擁有大量土地和財產，深得下層人民擁護。

[177] 阿米尼烏斯派是歐洲宗教改革時期的一個比較極端的教派，它的領袖阿米尼烏斯（Arminius, 1560-1609）是荷蘭基督教新教的神學家，其對喀爾文（Calvin）的「預定論」持堅決反對的意見。喀爾文的「預定論」是指人在現實生活中的成敗以及來生，都是在生前由上帝決定的。

派透過三種方式樹立自己的威信：一是憑藉深明大義的布道宣教，二是藉助於一些已經發生的奇蹟，三是直接利用武力。我認為以身殉教應該歸於奇蹟這一類別中，因為殉教這樣的行為已經超越了人性的力量。另外，至善至美的生活也屬於奇蹟一類。毋庸置疑，教會只有不斷改革，破除舊的規約，調和彼此之間的小爭端，實行說服教化的政策而不是血腥鎮壓來爭取異教人員，放棄使用暴力和仇恨的手段，這樣才能防止本派教會的分裂和新教的產生。

戰爭的變化真是變幻莫測，令人不可捉摸，但是主要的變化有三個方面：一是戰爭發生的地域，二是作戰使用的武器，三是戰爭期間運用的策略戰術。古代的戰爭好像大多數都是從東向西，因為像波斯人、亞述人、阿拉伯人和韃靼人等這些充當侵略者的都是東方民族。高盧人當然是西方人，但是他們只進行了兩次侵略戰爭，一次是侵入加拉西亞，[178] 另一次是進犯羅馬，[179] 而且這兩次戰爭可以在古籍中查到。

---

[178] 加拉西亞（Galatia）是古代小亞細亞的一個地區，在現在的土耳其境內。西元前 279 年，高盧人侵占這塊地區並建立了加拉西亞王國，西元前 25 年這個國家成了羅馬帝國的一個行省。

[179] 西元前 390 年，波河流域的高盧人一直把戰火燒到羅馬，戰敗的羅馬人最後退守到卡匹託爾山，僅僅憑藉那裡的神廟的庇護進行殊死的抵抗。關於這次戰事，史學家們一直有這樣的傳說：當羅馬人拿黃金與高盧人交換城池的時候，有人抱怨高盧人暗地裡在秤上做了手腳，於是高盧人的首領布倫努斯（Brennus）把自己的佩劍壓在砝碼上大聲說道：「戰敗的人就是這個下場，活該！」（Vaevictis ！）

不過，東方和西方並沒有明確的座標，[180] 所以古代人對於後來發生的戰爭取消了從東到西或者從西向東的記載。但是，南北兩方的方位有明確的座標，所以人們清楚地知道很少有或者沒有南方的民族入侵北方，而相反的情況卻多有發生。

從中可以看出，世界的北方是個更加喜好戰爭的區域，這或許是由於北方有廣闊的陸地，或者是由於那個地區的星象，[181] 要不然就是因為北方地區的寒冷使得當地的居民身強力壯，威猛無比，即便他們不經訓練也鮮有敵手；[102] 最後一個或許是更為明顯的原因。

當 個國家開始分裂，人民處於水深火熱之中時，人們便知道戰爭就要開始了。因為龐大的國家在強盛時期，一般都解除了它們所征服的各個民族的武裝力量，因此當宗主國沒落以後，轄下的各民族國家也隨之衰亡，成為被外族人奴

---

[180] 這裡的意思是西方和東方不像北方那樣有北極星作為座標可以參照（East and west are not marked in the heavens by a particular star in the way that north is fixed by the polar star.）。

[181] 英國學者羅傑·培根（Roger Bacon，約 1214-1292）在他的著作《大成集》（*Opus Majus*）中持有這種觀點。

[182] 這裡所說的北方和南方是以歐洲為中心而言的，或者更準確一點以西南歐為中心。在中世紀前半期，西南歐人自認為比較文明，自身並不把北歐人看作是自己的同類。這種地域和人種上的分野，以及戰爭的不斷挑起，總是歸因於北方，其原因可以參見劉村譯《北歐海盜史》的引言及部分章節（商務印書館 1994 年版）。

役壓迫的對象。羅馬帝國的衰亡就是最好的例證。[183] 查理大帝之後的查理曼帝國大致情況也是如此，每隻鳥也只是得到了一片羽毛而已。[184] 如果西班牙帝國分裂的話，最後的結果也是如此。多個王國的聯盟與合併也少不了戰爭的發生，因為如果一個國家變得過於強大，它必然會成為隨時可能氾濫的洪水。

　　羅馬、土耳其、西班牙和其他帝國在歷史上已經驗證了這種情形的發生。世界上原始民族畢竟占少數，他們未經開化，對謀生手段也知之甚少，於是大部分人不願意成家立業或生兒育女，像這樣的情況除韃靼地方外，世界上其他地區的蠻族的情況大致相同。人口 [185] 氾濫對於世界來說不算是一個潛在的危險，但是如果人口眾多的民族不斷繁衍，而沒有長遠的民生規劃，那麼他們等到兩代以後勢必要將一部分人口遷往外地。古代北方的民族數量眾多，於是採用抽籤的辦法決定哪些人應該遷徙出去謀生，哪些人可以繼續留在原

---

[183]　羅馬帝國晚期的衰敗，使得不斷有外族人侵入，他們有西哥德人（410 年攻占羅馬城，使之匍匐在他們的腳下）、汪達爾人（先侵占西班牙和法國，後於 439 年攻占迦太基）和匈奴人（443 年進兵君士坦丁堡，東羅馬帝國戰敗，並向其求和，最後向匈奴人交納歲幣）等。

[184]　「奪得一片羽毛的鳥」很有可能是查理大帝的三個孫子，他們將帝國分成了三個部分；也有可能是指在地中海西部地區稱霸的阿拉伯人，奪得法國西北部濱海地區的諾曼人和占領多瑙河流域的馬扎爾人等。

[185]　這是一個比較模糊的地理概念，中世紀時專指自東歐至亞洲的大片地區，那時該地區受蒙古人統治。

地。[186] 當一個崇尚武力的國家日漸衰亡時，它一定會招來戰爭，因為像這樣的國家在走下坡路時，經濟上往往很富有，早就成了別人眼中的大餐，而它自身軍事力量的衰退，必然引起其他國家對其使用武力。

說到武器的使用和變化，幾乎沒有什麼可以遵循的規律和章法，而且很少能引起人們的注意。然而我卻不這麼認為，其實武器的使用也有自身的變化和輪迴。人們都已經知道，印度人在奧克斯拉斯城戰役中使用了被馬其頓人稱為雷電或魔火的武器——火炮[187]。還有中國人使用的火炮大概已經有兩千多年的歷史，這也是人盡皆知的一點。武器效能和使用的變化趨勢大致有以下幾點：一是使用攜帶方便，容易操作並能適應任何氣候條件；二是攻擊的能力要強，在這方面大炮已經憑藉自身的優勢超越了各種攻城槌和原始的發明；三是最大限度地減少使用者的危險，要能攻擊到遠處的目標，大炮和滑膛槍的出現是這方面的最好例證。

至於策略戰術的變化，人們最初以為軍隊的數量是決定因素，因為戰爭往往靠兵力和士氣求勝。那個時期他們只是選定一個固定的時間兩軍對陣，互相廝殺而已，在公平的對

---

[186]　據說最初從北方遷徙不列顛的撒克遜人和盎格魯人，使用的就是這種抽籤的方法決定誰去誰留的。

[187]　327 年，亞歷山大大帝曾經率領大軍侵占過印度的西北部。但是關於印度人使用火炮的說法，並沒有真實的文字記載。據說菲洛斯特拉託斯所著的《阿波羅尼烏斯傳》談到了印度人使用火炮，但是阿波羅尼烏斯在當時（1世紀）被人們看作江湖術士（Magician），他的言論不能作為憑證。

決中分出勝負。可以說，他們在最初的階段並不懂得布陣排兵。後來，他們逐漸地明白了用兵的道理 —— 貴在精而不在多，並學會了利用有利地形和虛張聲勢的戰術，作戰指揮部署的能力也大有提高。

一個國家在建立之初的軍事力量最為強盛，到了中期它的學術就會繁榮起來，接著是經歷一個文武並行的時期，最後進入兩者都衰亡的風燭殘年，但是這個時候的商業和手工技術卻很發達。學術也有自身的生命週期：幼稚天真的童年期，風華正茂的青春期，厚積薄發的壯年期，還有最後每況愈下的暮年晚景。這番世事變遷的歷史，我們還是少看為好，以免其中的變遷規律令我們迷惑不解。至於那隱藏在世事變遷背後的歷史車輪是如何運作的，那不過是一套說辭，所以本文也不做解說。

國家之真正強盛

　　一切想要崛起的國家必須注意，不要讓國家的上層階級成長過快，這樣的話很容易使得平民階級淪落為最為低等的賤民，最終成為上流階級的僕人。

　　雅典人地米斯托克利的言論儘管過分地彰顯自己的成就而居功自大，但是它們廣為傳播，適用於不同的人，並被視為真知灼見。曾經在一次宴會上，有人邀請他彈琴，他說：「我不善於彈奏，對音律幾乎一無所知，但是我卻可以把小城邦變成大帝國。」[188] 只要我們稍微使用一下隱喻的方法就可看出，他的這種言論無不道出了政府官員所具備的兩種能力。如果仔細審查一下所有的官員，民眾們就會發現，他們當中能使國家不斷壯大的人幾乎不能彈奏，但是相反，善於彈奏的人不僅不能把國家建設得更加美好，反而卻把一個富強的國家引向衰敗。

　　毫無疑問，既然大部分官員僅僅憑藉這種蛻化的能力博

---

[188]　根據普魯塔克的《希臘羅馬名人列傳》（*Parallel Lives*）記述，地米斯托克利愛慕虛榮，總是抓住一切機會炫耀自己，經常在公民大會上顯示功勳；這裡的引用就是出自《列傳》中的《地米斯托克利篇》第 2 章第 3 節。（另參見本書《論友誼》一文中的相關注釋）

取君王的認可，並獲得老百姓的讚揚，那麼這種能力的最好稱謂就是「彈琴」，除此之外別無其他。因為像這樣的小技術使得玩弄者本身自我感覺良好，還能討得他人的歡心，但是對於國家的繁榮昌盛是沒有一點積極作用的。當然，有些高官要員也算得上「稱職」，把國家事務處理得井井有條，使得國家沒有明顯的麻煩，也不會陷入潛伏的危機，但是他們卻無法增強國力，充實國庫，扭轉國家的命運。不過，我們在這裡僅僅討論國事本身 —— 一個國家繁榮昌盛的根本之道，不過多涉及官員們自身的問題。

這些言論最適合於有雄心壯志的君主帝王，其目的主要有兩個方面：一是不要讓君主們因高估自己的實力而熱衷於沒有功效的計畫；二是讓他們不要因低估自己的能力而不斷採納萎靡的建議。

一個國家可以透過測量得知它的疆土大小，可以透過計算得知它的年末收入，可以透過戶籍管理得知它的人口多少，可以透過地理圖示得知它的城鎮數量。但是，在所有的國家事務中，最難以明確並最容易出錯的難點是國力強弱的判斷。天國被比喻成一粒芥子，而不是其他的任何碩大果實。芥子雖然較一般的種子都小，但是卻具有生長速度極快、蔓延範圍極廣的特性 [189]。所以，有些國家雖然地域範圍

---

[189]　參見《新約・馬太福音》第 13 章第 31 ～ 32 節。

不大，但是卻極易成為龐大帝國的基礎；有些國家雖然幅員遼闊，但是卻不能控制別的國家或者擴張領土。如果一個國家的民眾缺乏英勇善戰的氣概，那麼堅韌的城牆、龐大的彈藥庫、賓士的戰馬戰車等等這些不過是披著狼皮的羊。而如果一個國家的士兵沒有一絲士氣，那麼這個國家的軍隊數量再多也是毫無意義的，正如維吉爾所說：「狼對於眼前的綿羊，根本不在乎它們的數量多少。」[190]

當年波斯軍隊盤踞在埃爾比勒平原上，人數眾多就像一片大海。亞歷山大的軍中將領看到這樣龐大的軍隊後，內心也不禁產生了幾分怯意。後來他們把這種情況通報給亞歷山大，並且希望他能夠傳令採取夜間偷襲的策略。然而，亞歷山大表示不想偷襲取勝，結果馬其頓人輕易地就挫敗了波斯人[191]。

亞美尼亞國王提格拉尼二世面對前來進攻的僅僅一萬四千人的羅馬軍隊，倚仗自己的四十萬大軍取笑羅馬：「如果前來的人是一個使團的話，那麼人數有點多；但是如果是軍隊的話，人數則是非常少了。」但是，後來他發現應戰的人雖然為數不多，但是已經在太陽落山之前將他的軍隊殺得

---

[190]　參見維吉爾《牧歌》（*Eclogues*）第 7 首第 52 行。

[191]　這個例子描述的就是發生在西元前 331 年的埃爾比勒戰役，亞歷山大大帝在這場戰役中以少勝多打敗了大流士三世（Darius III）。這場戰役的實際戰場是在埃爾比勒占城（Arbela，位於今伊拉克北部）以西 52 千米處的高加米拉（Gaugamela），因此又被稱為高加米拉戰役。

落荒而逃，而他自己也被追得狼狽不堪[192]。像這樣勇氣超越人數的戰例多得不計其數，因此人們可以相信，一個英勇善戰的民族對一個國家的強大來說至關重要。有些人沒有深入地考量，認為金錢是戰爭的力量；其實他忽略了一點，如果士兵的力量由於民族的卑微而不斷衰退，那麼金錢也是無濟於事的。

　　當克羅伊斯[193]向梭倫[194]誇耀他所擁有的黃金時，梭倫就善意地勸告他說：「陛下，如果有人前來，並且他們的鋼鐵比你的更加堅硬，那麼他們就會成為這些黃金的新主人。」由此看來，如果一個國家沒有優良品格、驍勇善戰的國民組成本國的軍隊，那麼這個國家的君主或政府千萬不能過高地猜想其國力；但是另一個方面，如果一個國家的臣民都具有崇尚武力的性格，那麼君王必須確信自己擁有震懾的力量，當然他的臣民在其他方面有較大缺陷的話，則另當別論。至於花費高額巨資從國外招募軍隊，儘管也是一種不錯的補救措施，但是歷史的先例無不向我們展示了，凡是依靠僱傭軍

---

[192]　這個例子所描述的就是被歷史學家稱為「第三次米特里達梯戰爭」中的一場，執政官盧庫魯斯（Lucullus，前117-前56）擔任這次戰役的羅馬軍隊統帥。

[193]　克羅伊斯（Croesus）是小亞細亞古國呂底亞的末代國王（約前560-前546），西元前546年，其被波斯國王居魯士所滅。傳說他曾經是古代的大富翁，其名Croesus與「富豪」的含義大致相同。

[194]　梭倫（Solon，約前638-前559），古希臘政治家、詩人，「希臘七賢」之一，西元前594年他擔任執政官，進行了積極的政治改革（即「梭倫立法」），任職期限屆滿後出國到處旅行，到過小亞細亞。

的國家或君王，他們的威風是不可能長久的，只能是得意一時。

以薩迦（Issachar）和猶大（Judas）注定是不能重合的，同一個民族或部落既不可能是負重的驢又不可能是威猛的獅子 [195]；同樣的道理，一個被繁重的賦稅壓抑已久的民族是不可能成為勇敢有為的民族的。但是，經過國民代表大會同意的徵稅，對於民心和士氣的影響卻是比較輕微的，這是一個無可爭議的事實；像荷蘭的國內貨物稅 [196] 和英國的土宰特別稅 [197] 就是最好的例證。另外，讀者們需要注意一點，我們在這裡討論的是民氣問題而不是資金的問題。所以，同樣的稅款可能都出自同一個錢包，但是自願交納和強制徵收對民氣的影響是迥然不同的。從中我們可以看出，最好不要過多地對國家的臣民徵收稅款。

一切想要崛起的國家必須注意，不要讓國家的上層階級成長過快，這樣的話很容易使得平民階級淪落為最為低等的賤民，最終成為上流階級的僕人。我們可以透過萌芽林的培養來說明這個道理，如果優勢木苗被安置得過分茂密，那麼

---

[195]　《舊約·創世記》第49章中記述：猶太人的祖先雅各在臨死之前把12個兒子都召集到床前，分別預言了他們的命運（他們後來都成了以色列的12個部族），其中猶大被預言為威武之獅，以薩迦預言為負重之驢。

[196]　這是荷蘭聯省共和國政府徵收的一種間接稅，主要用於國家和軍隊的開支。當時荷蘭的宗主國西班牙對其的威脅沒有完全消除，荷蘭的人民仍然團結一心，共同抵抗，因此沒有人抱怨這項沉重的賦稅。

[197]　這是當時由英國議會代理徵收併發放給王室的一種特殊津貼。

中間木和被壓木就沒有出頭之日了。因為優勢木的下面最後只有灌木叢和一些花草荊棘了。所以，一個國家的自由民會由於縉紳過多而變得地位卑微，這樣導致的結果是很多人當中沒有一個人適合參軍，更不用說充當步兵了；而步兵又是一個國家軍隊的主力，可想而知到那個時候，國家將出現民眾很多但卻勢力微弱的局面。

筆者以上所論的最好例子就是英國和法國之間的比較，就領土範圍和人口數量來說，法國遠遠超過了英國，但是英國卻是法國一直以來最為強大的對手，究其原因就是法國的村農野夫不能充當優秀的士兵，而英國的中產階級卻可以。在這方面，英王亨利七世的做法，值得我們推薦欣賞；他為農莊和牧戶保留了一定的土地，使得他們耕者有其田，過著經濟富裕的生活，而不是那種像僱農一樣奴隸般的境遇；[198]像這樣來治理國家，很快就會達到維吉爾所形容的古義大利那種盛況：一個軍事力量強大且國土廣泛富饒的國家。[199]

還有一個社會階層往往被人們忽略，那就是貴族及其家中具有自由民身分的僕人，他們要是上戰場打仗的話，其力量與農家子弟相比也不能低估。所以，貴族門庭中所形成的

---

[198]　15 世紀末，大批英國農民由於圈地的盛行，而被趕出家園，被迫成為流浪者，這種情況造成了社會的動盪，兵源和納稅人也急遽減少，因此亨利七世統轄下的政府在 1489 年第一次頒布了《反圈地條例》，並提出了退牧還農，保護有 20 英畝地的農民不被壓迫，還規定了牧主的羊群不能超過 2,000 隻。
[199]　參見維吉爾《艾尼亞斯紀》第 1 卷第 531 行。

豪客、奢華以及使用大批僕人的風氣，有助於發揚尚武的精神，這一點已經是眾所周知的共識。而與之相反，豪門貴族的節儉封閉生活方式，卻會很容易導致軍事力量來源的匱乏。

想盡一切辦法要使得尼布甲尼撒（Nebuchadnezzar）夢中的那棵王國之樹健壯挺拔，以便能夠支撐繁茂的枝葉；[200] 這個比喻是說，一個國家的土著居民應該與外來民族的比民保持合理的比例。所以，凡是對外來民族持開明政策的國家都很容易成為大的帝國。因此，一個小民族或許憑藉自身的智謀而獲得廣闊的疆土，但是它不可能長久地維持下去，很快就會分崩離析，這是顯而易見的。斯巴達人在處理異族問題上始終保持歧視的態度，因此當他們堅守本國土地時堅如磐石，固不可摧，然而一旦他們對外擴張領土時，其樹幹就無法承受枝葉，最終就像大風肆虐果實盡落一樣突然消亡。

古羅馬在接納外族人進入本國這一點上，其他的任何國家都無法與之相比，因此羅馬人逐漸發展成為世界上最龐大的帝國王朝。他們的做法是直接充分授予外族人羅馬國籍，在他們看來這是合法必要的公民權，人人皆須具備。透過這種公民權的授予，外族人不僅獲得了財產權、通婚權和繼承

---

[200]　根據《舊約·但以理書》（*Daniel*）第 4 章記述，巴比倫王尼布甲尼撒夢見一棵參天大樹，其枝葉繁茂，果實纍纍……忽然有一個天使宣布，砍倒這棵樹，希伯來先知但以理說這個夢是亡國的先兆。

權，而且還獲得了選舉權和被選舉權。同時，不僅個人可以
獲得公民權，整個家庭、整座城市甚至是整個民族也都可以
獲得公民權。此外，羅馬人善於殖民，他們把本國的籽苗移
植到他國的土壤，不斷融合本國與他鄉的習俗，並使之合而
為一。因此與其說羅馬人向世界擴張，倒不如說世界向羅馬
蔓延。由此可見，這才是最穩妥的強國之道。

　　我有時難免對西班牙感到驚異，為何那麼少的人口居然
能獲得那麼大的宗主權。其實西班牙的本土就是一枝碩大無
比的樹幹，它的健壯程度遠遠超過了斯巴達和羅馬興起時的
狀況。另外，儘管他們嚴格把關異族人獲得本國的國籍，但
是他們卻有另外一種措施，僅次於直接充分授予國籍，那就
是他們以平等的原則招募各個民族的士兵，並且在適當的時
候讓外族人擔任軍隊的高階將領。不僅如此，我們還可以從
西班牙最近頒布的國事詔書看到，本土人丁不旺的問題已經
引起國家的注意，國家開始採取措施努力改變這種狀況。[201]

　　毫無疑問，但凡需要在室內久坐來操作的技術行業和精
緻工藝，它們所需要的個人品質與軍人的性格是相互排斥
的。一般而論，崇尚武力的民族大都有些懶惰散漫，都喜歡
冒險而不願意生產勞作；而如果想要維繫他們崇尚武力的精

---

[201]　西班牙國王腓力四世（Philip IV，在位期：1621-1665）在 1622 年頒布詔書，
　　　　宣布授予已婚的西班牙本土居民具有一些特殊的權利，並且進一步規定，凡
　　　　是有 6 個孩子以上的家庭可以免除本應該承擔的國民義務。

神，就得保留他們的懶散習慣。所以，古代的斯巴達、雅典、羅馬等國家都使用奴隸，這對它們來說有極大好處，因為那些既消耗時間又殘害身體的工作通常都是由奴隸完成的。後來由於基督教的戒律，奴隸制差不多消失殆盡。現在與奴隸制比較相像的做法就是把上述的工作安排給外來的異族人去做，從而使得本國國民安心地從事以下三種行業：一是有田地的農夫，二是有自由民身分的僕人，三是適合男子從事的技術工藝，如木匠、鐵匠和磚瓦匠等。在這裡沒有涉及職業軍人。

但是，如果想要成為真正的強大帝國，公開承認崇尚武力並以從軍為最大光榮、最好職業和最高目標，這是一個國家必須做到的最為關鍵的一點。上文所述都是發起戰爭的能力，如果沒有目標和行動，光有能力有什麼用呢？根據羅馬人的傳說，羅穆盧斯曾經在死後給過他們一道神諭，[202] 告訴他們致力於戰爭是最重要的事情，只有這樣才能建立起世界上最強大的帝國。為了適應擴張帝國的目的，斯巴達國家總是不斷地調整其組織結構，儘管調整後的組織結構並不明智。[203]

波斯人和馬其頓人也曾經建立過強大的帝國王權。日耳

---

[202]　羅穆盧斯（Romulus），羅馬城的建立者，傳說是特洛伊英雄艾尼亞斯的後代，「王政時代」的第一代國王。據說他還沒有去世就已經昇天，被羅馬人尊為神；這裡談及的神諭一事可以參見李維《羅馬史》第 1 卷第 16 章。

[203]　如斯巴達實行雙王制，一個國王專管統兵征戰，一個國王專管國內事務。

曼人、高盧人、撒克遜人、哥特人、諾曼人以及其他一些民族在歷史上也都顯赫一時。土耳其雖然今天的國家實力已經大為減退，但是至今還擁有鄂圖曼帝國。當今所有的歐洲基督教國家中，只有西班牙擁有帝國的勢力；[204] 不過任何一個國家都是在最為擅長的事業上具有優勢，這是顯而易見的道理，因此在此不必多加討論這些了。我只想指出：一方面，如果一個國家不公開聲稱崇尚武力，那麼它的強國之夢恐怕就難以實現；另一方面，只要一個國家堅持不斷地尋滋挑釁，它就可以創造奇蹟，這是時間賜予它的最好禮物；至於那些僅僅在某個時期崇尚武力的國家，不僅在這段時期內增強了自己的勢力，提高了自己的地位，而且這種勢力和地位依然可以延續到軍事力量衰減以後，繼續有效地保護它們。

伴隨上面的論述繼之而來的是一種國家需要，即需要有一種可以提供戰爭理由的法律或規約。**人天生就有一種正義感，所以如果沒有適當的理由以顯示戰爭的公正性，那麼人們一般是不會投入其中的。**土耳其人總是以傳播宗教的名義興師動眾，他們總是拿這個當作發動戰爭的理由。羅馬人也是這樣，他們把擴張本國的疆土看作是自己建功立業的最大榮譽，但是僅僅憑藉這一個理由，他們不輕易發動戰爭。

因此，想要透過崇尚武力增強實力的國家一定要做到以

---

[204]　當時的西班牙不僅占有美洲的祕魯、智利、哥倫比亞、墨西哥、西印度群島和亞洲的菲律賓群島，而且還擁有在歐洲的霸主地位。

下兩點：其一是對於本國邊境的居民、商人或外交使節受到來自他國的無禮行為十分敏感，而且對於他國的挑釁行為反應迅速而不花費太多時間討論；其二是能夠以最快的速度援助盟國，隨機應變地調動各種軍事力量，就像當年的羅馬人那樣；如果一個國家受到外敵入侵，並且向建立了盟約的其他國家分別求助，那麼羅馬人的救援軍隊總是最先趕到，這份榮譽永遠屬於羅馬而不是其他國家，這是當時羅馬人的原則。

　　至於為了某國或某黨某派的政府性質，古人而發起的戰爭，我真的不知道怎樣去證明它的正當合理性；比如歷史上為了希臘的自由，羅馬人發起的一場戰爭[205]，又比如為了在希臘各城邦推翻或建立寡頭政體或民主政體，雅典人和斯巴達人進行的戰爭[206]，再比如一個國家或以提供保護，或以主持公道，或以解救他國的國民不再受到專制壓迫為理由而發動的戰爭等等。總而言之，凡是不願意興兵動武的國家，一般是不會強盛起來的。

　　人體不做運動的話，是不會健壯的，政體不做運動的話，是不會強盛的；而對國家來說，有充分的理由發動戰爭，就是最好的運動。國內戰爭就好像是人體的感冒發燒，

---

[205]　　這裡是指「第二次馬其頓戰爭（前 200- 前 197）」。
[206]　　這裡是指伯羅奔尼撒戰爭（前 431- 前 404）。修昔底德（Thucydides）的《伯羅奔尼撒戰爭史》（*The History of the Peloponnesian War*）詳細記載了這次戰爭。

可以用對外戰爭的方法來治療，因為對外戰爭好比是運動發熱，對於身體的健康是大有好處的；這是由於在安逸的環境中，民風民氣就會變得陰柔，日趨墮落。但是，不管崇尚武力對於安居樂業有什麼影響，它對於國家的強大都是有百利而無一害的。儘管維持一支強大的軍隊需要花費大量開支，但是卻可以使國家保持一支常備軍。這樣的話這個國家就可以對他國發號施令，或者保持強國的名譽。西班牙就是一個最好的例證，它在歐洲各地派兵紮營的歷史已經有一百二十年了。

對於一個強大的國家來說，掌握海上霸權是一個必要的條件。西塞羅在致阿提庫斯（Atticus）的信中，曾經詳細談論過龐培對付凱薩的軍事計畫，他說：「龐培認為只要控制了海洋，就可以控制一切，很顯然他是在仿效當年特米斯托克利的策略。」毋庸置疑，如果龐培不是由於喪失信心而放棄海上控制權的話，他一定能夠打倒凱薩。[207] 海上戰爭的重大影響由此可見一斑。

羅馬帝國的最後歸屬決定於亞克興戰役 [208]，有效地抑制

---

[207]　龐培最終在「法薩羅戰役」（前48）敗於凱薩，史學家認為指揮失當和貽誤戰機是他失敗的主要原因，因為當時他的實力遠遠超過凱薩，而且決戰的時候還有60艘艦船停泊在海上沒有動用。

[208]　亞克興戰役發生在西元前31年，古羅馬屋大維在這場戰爭中打敗了安東尼以及助陣的埃及女王克婁巴特拉。這次戰役結束了羅馬的內戰，使得屋大維成為羅馬帝國的第一個皇帝，即奧古斯都。

土耳其人的擴張，則是依賴勒班陀海戰[209]。透過海上戰爭來決定整個戰爭布局的勝負，這樣的例子不計其數；顯而易見，這與各個國家的歷代政府或君王崇尚與依賴海上戰爭是分不開的。於是可以肯定一點，要想擁有戰爭的主動權，必須先掌握海上霸權，這樣的話就可以隨心所欲地控制戰爭局面；而那些只擁有陸軍力量的國家，雖然自身也非常強大，但是在海上戰爭面前總是進退兩難。毫無疑問，當今歐洲擁有很明顯的海上優勢，一方面是由於歐洲國家大部分都是臨海國，另一方面是由於東西印度[210]的財富在一定程度上充當了海上霸權的附屬品。

軍人可以從古代戰爭中獲得巨大無比的光彩榮耀，現代戰爭中的軍人與其相比的話是難以企及的。如今也有一些騎士稱號和勳位，雖然也是為了鼓勵士氣，但是卻不加區分地授予軍人和非軍人。此外，現今還設有一些傷殘軍人醫院或者頒發榮譽紀念冊之類的東西。

但是在古代，戰場上總是豎起為他們而建的紀念碑，在葬禮上總有哀悼他們的頌詞，在國內通常還建有陣亡將士的

---

[209]　勒班陀海戰發生在 1571 年 10 月，西班牙威尼斯聯合艦隊在這次戰役中打敗了土耳其艦隊。

[210]　「東印度」一般指印度、印度支那半島、馬來半島和馬來群島，它是西方人使用的一個不確切的地理名稱；「西印度」是由於哥倫布的失誤而產生的一個地區名字，後來的歐洲殖民者就借這個名字來稱呼南北美洲。

紀念館，有後來被各大國君主借用的 emperor 這一稱號 [211]，有獎給個人的花冠和花環，有將士們回師的凱旋儀式，還有遣散軍隊時的巨大賞賜。士兵們崇尚武力的精神可以被這一切有效地激發出來，但其中古羅馬人的凱旋儀式最值得一提。那種儀式不是為了炫耀或是顯擺，而是一種明智且高貴的習俗；它包括三項內容，一是用戰利品充實國庫，二是給凱旋將軍以榮耀，三是給士兵們以賞賜。不過，像這樣的榮耀不太適合君主制國家，除非是君王本人或他的後代們獲得了這項光榮的名譽。正如發生在羅馬帝國時代的情況一樣，皇帝們只為自己和自己的兒子們舉行凱旋儀式，對打勝仗歸來的將士們只是給予凱旋的服飾，從而把凱旋儀式據為己有。[212]

　　總結上面的論述，雖然只依靠自己的意識就可以隨意增加自己的身高，對人來說是不可能的 [213]，但是對於一個國

---

[211]　古羅馬的士兵們總是在勝利歸來後向他們的統帥高呼，他們稱統帥為 imperator（英語稱作 emperor，意思是統帥或者凱旋的將軍），奧古斯都建立帝國之後就用這個稱號作為自己的終身頭銜，於是這個詞的含義就轉變成了「元首」或者「皇帝」。

[212]　在羅馬共和國時代，但凡在對外戰爭中取得勝利的將軍都可以得到凱旋儀式，在儀式上將軍穿著具有王家風範的紫邊闊袍，乘著裝飾有月桂枝的戰車，前面由執政官和眾元老引路進城，後面是俘虜、班師軍隊和戰利品等等。隊伍一直遊行到卡匹託爾山上的朱庇特神廟，然後舉行獻祭、殺死俘虜等活動，最終以宴會而結束整個儀式。但是進入帝國時代以後，奧古斯都曾經慷慨地為三十餘名將軍舉行過正式的凱旋儀式，除此之外，後來獲勝的將軍只能獲得凱旋服飾的榮譽：獲得戴桂冠、穿著凱旋服、坐象牙圈椅和塑像的權力，其他的儀式都被省去了。

[213]　參見《新約·馬太福音》第 6 章第 27 節和《路加福音》第 12 章第 25 節。

家的政體來說，君王或政府的能力直接決定了這個國家的領
土大小和國勢的強弱。只要他們實施了上文所談到的所有規
則、慣例和策略，他們就為後世的子孫們埋下了強盛的種
子。只可惜這樣的大事情總是被君王或政府忽視，最後國家
的命運只好聽天由命了。

法官的職責

公正的法律與合理的國家政策之間，是不會有任何牴觸的，因為這兩者就像是精神和肉體一樣，應該協調一致。

作為法官的人一定要謹記，他們的任務是司法而不是立法；他們只能解釋法律法規，但是不能制定或者修改法律法規。如果不是這樣的話，司法權就會淪落成羅馬教會所聲稱的那樣，以闡釋《聖經》為名義，大肆篡改法律法規，甚至聲稱在《聖經》裡找不到依據的法規，應該實施新法代替 [214]。作為一個法官，足智多謀是其必要的素質，但是更應該博古通今；被人們津津樂道是其固有之義，但是更應該讓世人尊敬；自身應該按照原則辦事，並且充滿自信，但是更應該小心說話，謹慎做事。

不過，最為重要的天性與美德是他們的剛正不阿，不偏不倚。摩西律法說：「暗地裡更換相鄰房舍地界的人最終是要受到報應的。」[215] 偷換界石的人理應受到處罰，但是法官

---

[214]　羅馬天主教會聲稱，他們有權力解釋《聖經》的依據是《新約·馬太福音》第 16 章第 19 節，也就是耶穌對西門說的那段話：「我要給你天國的鑰匙，凡是你在地上禁止的，在天上也同樣要禁止；凡是你在地上准許的，在天上也同樣要准許。」

[215]　參見《舊約·申命記》（*Deuteronomy*）第 27 章第 17 節。

如果在審判訴訟中有失公道的話，那麼他就是偷換界石的第一個犯罪人。犯罪的行為只是攪渾了河水，但是誤判的行為卻是攪渾了水源，因此一樁誤判比多樁犯罪還更有害。因此所羅門曾說：「姑息養奸的善人就像是汙染的井水和渾濁的源泉。」[216] 法官的職責涉及訴訟當事人、控辯雙方律師、旁聽的書記員和執達吏，以及法院之上的君王和政府。這四方面的關係是怎樣的，我將做簡要的闡述。

第一，關於訴訟當事人。《聖經》說：「有些人故意把審判變成苦艾。」[217] 一定還會有人把審判變成酸醋。偏袒的話會使審判變苦，而延誤時機卻會使審判變酸。除暴安良，鋤奸揚善是法官的主要職責，這是由於暴行肆虐時可以傷害他人性命，欺詐行騙可以達到謀財害命的目的。對於那些雞毛蒜皮的小事，法庭應當視其妨礙公務而不予受理。法官首先應該替自己鋪平道路，就像上帝填低取高那樣整理大道，如此才能做到公正審判。[218]

所以，當遇到一方當事人蠻橫無理，栽贓陷害，串通一氣，使奸耍詐，聘請善變的律師，並有強大勢力作為後盾的時候，法官的德行就展現在把雙方當事人擺放在平等的地

---

[216]　參見《舊約‧箴言》第 25 章第 26 節。

[217]　參見《舊約‧阿摩司書》（*Amos*）第 5 章 7 節：「你們把審判變成苦艾，把公正和善良卻棄之於地。」

[218]　參見《舊約‧以賽亞書》（*Isaiah*）第 40 章第 4 節：「填平世間所有的溝谷，削平一切的山岡，讓崎嶇變得平坦，讓曲折變得筆直。」

位，這樣才能公正審判。要知道擰鼻子會擰出鮮血，[219] 而榨葡萄用力過大的話，苦澀的核味便會夾雜在果汁中。所以，法官一定要小心行事，不可以模糊地解釋法律，更不能勉強地推理論斷，因為在世界上最為要命的事情莫過於曲解法律。在解釋刑法的時候，法官千萬不要把殺一儆百的法律變成隨意濫用的酷刑，不能把《聖經》中說的那張羅網鋪展在人民的頭頂上 [220]。

刑法如果過度施行，就不啻把法律之網撒向民眾。所以，對於刑法中已經不適合現在國情民情的條款，或者長期無人援引的條款，明智的法官援用時應當有所限制。「既要問清案情事實本身，又要挖掘其後的背景，這是一名法官的責任」[221]。所以，法官在審理命案並宣判的時候，應該以慈悲為懷，用仁慈的眼光待人，用嚴厲的目光處事。

第二，關於控辯雙方律師。作為一名法官，耐心而嚴肅地聽取律師的陳述，這應是最起碼的基本素質。一名多嘴的法官就像一副噪音無法消除的鐃鈸。凡事事先探尋律師的陳述，或者為了顯示自己的明察秋毫，過多地中止證人和律師的陳述，或者使用提問的方式迫使控方律師提前透露所掌握

---

[219]　參見《舊約·箴言》第 30 章第 33 節：「擰鼻子會擰出鮮血，攪牛奶會攪出奶油，動肝火則會引出爭端。」

[220]　參見《舊約·詩篇》（*Psalms*）第 11 篇第 6 節：「在惡人的頭頂上他要大膽地展開羅網。」

[221]　參見奧維德《哀歌》（*Tristia*）第 1 卷第 1 首第 37 行。

的情況，這些行為對於法官來說都是有失體面的。

　　法官開庭審案的作用大致有以下四點：一是監督律師向證人取證，二是控制繁長、重複或者無關緊要的陳述，三是概括歸納並核實對案情至關重要的陳述條目，四是做出最後的審判或裁決。凡是超出以上職責的行為都是過度行為，而且這些過度行為往往是由於法官自身誇大其詞，不願意聽雙方的陳述，或者是缺乏與法官這一神聖職責相匹配的注意力、記憶力和沉著穩定。

　　不過奇怪的是，人們總是看到蠻橫無理的律師左右著法官，這個時候法官應當效法上帝，就像上帝總是「摒棄傲慢無理的人而施惠於謙卑恭敬的人」一樣[222]實施自己擁有的權責。但是更讓人費力的是，有些法官特別喜歡某些知名的大律師，而這種情感的喜好無疑抬高了那些律師的酬金，也使人們懷疑法院的公正性。當訴訟進展順利並且答辯也很精彩的時候，法官應該使用語言或動作讚賞這位律師，特別是對訴訟中敗訴的一方，這樣一方面維護了該律師在其委託人心中的名望，另一方面也使他對自己陳述的理由少些自信。

　　如果律師在訴訟過程中使用計謀，怠忽職守，弄虛作假，穿鑿附會或者無理取鬧，法官應當在眾人面前給予適當的斥責。律師不要在法庭上與法官爭論，也不要在法官宣布

---

[222]　參見《新約·彼得前書》（*Letters of Peter I*）第 5 章第 5 節或者《新約·雅各書》第 4 章第 6 節。

判決以後以不正當的途徑迫使案件重新審理。另外，法官審案過程中，不能折中妥協，急於求成，不能讓當事人說出法庭不聽取他的律師和證人的陳述。

第三，關於法庭書記員和執達吏。法院是一個神聖的場所，因此除了法官席之外，法庭的四面牆壁也不能容許玷汙，任何貪贓枉法的行為都要在這裡禁止。正如《聖經》所言：「在荊棘叢中是採摘不到葡萄的。」[223] 而如果法院的職員接受賄賂，那麼法庭也就變成了一片荊棘，由此是不可能結出味道甜美的果實的。

法院的職員最容易受到四種惡勢力的影響。第一種是訟棍，他們為了謀求私利，專門挑起訴訟。這種人雖然可以促進法院數量的增加，但是卻使得國家日漸衰落。第二種是總是想方設法使法院陷入司法管轄權爭議的政客。這種人往往是法院的寄生蟲，而不是法院的朋友。他們為了自己的利益，大肆鼓吹擴大司法的管轄權範圍。第三種是被視為「法庭的左手」[224] 的人，這種人奸詐多端，滿腹陰謀，憑藉其狡辯的能力顛倒是非，誤導法庭的審判，使得審理誤入歧途。第四種是以敲詐勒索訴訟費為生的卑鄙小人。人們曾經把法院比作灌木林，在這些傢伙的身上可謂展現得淋漓盡致，因

---

[223]　參見《新約·馬太福音》第 7 章第 16 節。
[224]　在此處是用來比喻左右法院公正審判的人，因為蒙著雙眼的正義女神，右手拿著寶劍，左手持著天平。

為來這片灌木林中躲風避雨的羊，或多或少會留下一些羊毛。但是在另一方面，一名熟悉案例，並能謹慎言行的法院職員，可以成為法官的審理案件中的得力助手，甚至還能為法官提出重要的建議。

第四，關於與君王和政府的關係。人民的幸福是最高法律，這是羅馬十二銅表法中的最後一條，任何一名法官都應當謹記。同時，法官們還應該意識到，如果法律無法保障人民的幸福，那麼它就是為難人民的醜惡例規，是不會得到神靈啟示的惡諭[225]。因此，政府和君王如果能與司法者經常協商，而司法者也能經常與政府和君王商量，這是一個國家的最大幸運之處。君王、政府主動與司法者相互協商，總是建立在司法對政治事務有所妨礙的時候，而司法者積極與君王、政府相互商量，無非是政府的某些措施對法律的實施有所不利。

一般而言，引起訴訟的爭端往往只是歸屬權的問題，但是這些爭端的後果很有可能涉及國家的核心問題。我這裡所說的核心問題，不僅僅是指君權，還包括任何可能導致重大變故和危險的事件，或者事關大部分國民的重大問題。毋庸置疑，公正的法律與合理的國家政策之間，是不會有任何牴觸的，因為這兩者就像是精神和肉體一樣，應該協調一致。

---

[225]　這個比喻十分恰當，在古羅馬時期，就出現了賄賂祭師來得到令其滿意的神諭的現象。

　　法官們還應該時刻銘記，有兩座雄獅時刻護衛著所羅門王的寶座。[226] 法官也應該像雄獅一樣，但是也要知道自己仍是王座下的雄獅，其言行舉止應該謹慎，不能在任何場合和時刻妨礙君主權力的實施。此外，對於自己的授權，法官們應該熟知於心，只有這樣才能明確自己的職責 —— 精確而明智地運用和實施法律。他們也應該記得，聖保羅在談到一部更偉大的法律時說：「雖然我們知道這法律的產生符合上帝的旨意和人民的要求，但是最為關鍵的還是司法者要依法實施。」[227]

---

[226]　　參見《舊約・列王紀上》第 11 章第 18 ～ 20 節。
[227]　　參見《新約・提摩太前書》（*Letters of Paul to Timothy I*）第 1 章第 8 節。這句引用語的後文是：「因為這法律並不是為好人制定的，而是為……」

愛情

．．．

愛情和智慧是不能同時得到的。

人生就是一個舞台，愛情在上面扮演一個極其重要的角色。因為在舞台上，戀愛是長期可以供給喜劇的材料，有時也可以供給悲劇的材料；但是在人生中，戀愛只會招致禍患。它有時候像一位感人的美女，有時又像一位復仇的女神。你可以見到，一切偉大的人物中，無論是古人今人，只要是其盛名仍在人的記憶中的人，沒有一個曾被愛情弄到瘋狂的地步。由此可見，宏偉的事業和高貴的心靈都可以有效抵制這種近乎瘋狂的愛情。

不過，並非所有的歷史偉人都能逃過這種愚蠢的激情，這裡就有兩個例子除外；一個是曾經統治過半個羅馬帝國的馬爾庫斯・安東尼 [228]，一是曾經當過羅馬執政官及立法官的阿皮亞斯・克勞狄烏斯 [229]。前者無疑是個好色而無度的人，但是後者卻是一個嚴肅而明智的人。所以，對於愛情來說，

---

[228]　馬爾庫斯・安東尼（Marcus Antonius）曾經與屋大維勢力相當，統治著羅馬帝國的東方各省，後來由於迷戀埃及女王克麗奧佩脫拉七世（Cleopatra VII），最終引來了殺身之禍。

[229]　阿皮亞斯・克勞狄烏斯（Appius Claudius）（前 5 世紀），由於試圖姦汙少女維爾吉尼婭而招來殺身之禍。

沒有一處是它不能到達的。它不但可以鑽進天真開朗的心扉，而且還會在你疏忽大意的時候闖入心靈的禁地。

伊比鳩魯有一句很經典的話正好反映了上面的情況，即「對於我們倆來說，互相就是一幕看不夠的戲劇」，[230] 這話的意思好像是說，仰望上天和崇高事物的世人其實可以無所事事，只要對著自己的一個小小偶像頂禮膜拜就行了，使得自己成為它的奴僕。雖然這種奴僕不是滿足於吃喝的牲畜，但仍然是眼眸的奴隸，而上帝給予人類眼睛是為了讓人類追尋更加崇高的目的。當人們注意到愛情的放縱以及它對事物的本質、價值視而不見時，內心的那種匪夷所思是不難理解的。由此可見，漫無邊際的誇大其詞唯獨適用於愛情，並不適合人類生活中的其他方面，即使那句最為出名的話「世間的一切恭維者都知道，自己是最討自己喜歡的恭維者」也不例外。

雖然這種說法大致符合實情，但是卻不包括熱戀的人在內；因為熱戀者對所鍾情的人的恭維程度，遠遠超過了最自傲的人對自己的完美評價，所以古代的智者說得好：「**愛情和智慧是不能同時得到的。**」熱戀中的人對自己的這個弱點並非視而不見，其實大多數被戀者自己心裡也很清楚。當然除一種情況例外，那就是被戀者與熱戀者互相愛戀。

---

[230]　根據塞內卡《道德書簡》第 7 篇記載，伊比鳩魯的這句話是對一位哲學家朋友而說，並不是對異性情人所說的。

　　人們總是相信世界上存在一條基本法則，那就是愛情總能得到回報，要麼是得到愛戀對象的傾情，要麼得到長久累積於心的蔑視。因此，人們在對待愛情時應該有更多的理性，不要被愛的激情奪走一些東西，甚至喪失了自我。至於人們在愛的激情面前會喪失什麼，古代有位詩人在他的詩歌中說得很明白：帕里斯更喜愛海倫，因此放棄了赫拉和雅典娜的禮物；[231] 因為一切把愛情看得重於生命的人都會放棄財富和智慧。當人們遭受困境的時候，還有人們過著事業輝煌、安定快樂的生活的時候，人性是最為軟弱的，往往愛情就會頻繁出現。不過，在人的背運倒楣情況下產生的愛情往往被人們忽略。其實，這兩種時候都非常容易點燃愛情之火，並且使其燃燒得更加旺盛。由此可見，愛情確實是人性愚蠢的產物。

　　如果有人不得不接受愛情，並能把愛情擺放在人生中的適當位置，使得事業和愛情截然分開又相互協調，那麼這個人算是處理愛情問題的高手了。如果愛情和事業相互糾纏，那麼勢必影響個人的時運，使人們無法完成自己的目標和任務。

　　軍隊裡的人為什麼大都好色多情，我對這個問題一直感

---

[231]　根據希臘羅馬的神話傳說，天后赫拉、愛與美之女神維納斯和智慧女神雅典娜互相爭美，後來請求特洛伊王子帕里斯幫她們裁決，三個女神分別以財富、天下最美的女人和智慧行賄，最終帕里斯由於偏袒維納斯而獲得美女海倫，於是便引起了特洛伊戰爭。

到奇怪。也許，這與他們喜歡吃喝一樣，冒險的生活總需要某種娛樂作為報酬。愛他人是人的天性中一個不可或缺的傾向；因此，如果沒有只愛別人或某幾個人自私的愛，那麼愛終將會普及於每一個人身上。這樣的話，人們都會像隱居的修士一樣，具有仁慈高尚的品格。夫妻之間的愛情使人類的種族不斷延續下去，朋友之間的關愛使人類不斷完善自身，但是荒淫無度的愛則會使人類墮入無底的深淵。

有息借貸

必須辛苦勞作、汗流滿面時，才能有麵包吃。

有息借貸曾經被很多人巧妙地批判過。[232] 有人說放債竟讓魔鬼得到了上帝的份額，即十分之一，[233] 這真是一件悲慘的事情。有人說依靠放債獲取利息的人是不安分的人，因為他們每週都在贏取利益[234]。有人說依靠放債獲取利息的人就好比維吉爾所說的那種雄蜂，而維吉爾在詩中寫道：一定要把那些雄蜂趕出蜂房，因為他們從不勞作，還要分享勞動成果[235]。有人說依靠放債獲取利息的人冒犯了上帝的第一條法律 —— 亞當夏娃墮落後，上帝為人類制定的 —— 即「必須辛苦勞作、汗流滿面時，才能有麵包吃」，[236] 而放債的人

---

[232] 有息借貸的產生可以追溯到很久之前，但是自從它產生起就被人視為不正義的舉止。英王亨利八世在位期間使得有息借貸變得合乎法律法規，並且規定最高的利率是 10%。亨利八世的兒子愛德華六世取消了這個規定，並且嚴格禁止有息借貸。後來伊麗莎白一世又恢復了亨利八世的法規，但是人們仍然對有息借貸的合理性爭執不下。

[233] 根據《舊約·利未記》（Leviticus）第 27 章第 30 ～ 31 節中的「什輸其一」法的規定，只要是大地所生產的（其中包括糧食瓜果牛羊等），其十分之一都屬於上帝。因此，西歐教會便根據這一點從 8 世紀開始向人們徵收「什一稅」。

[234] 「摩西十誡」的第七誡就是守護安息日，停止一切勞作，參見《舊約·出埃及記》（Exodus）第 20 章第 8 ～ 11 節。

[235] 參見維吉爾《農事詩》第 4 卷 168 行。

[236] 根據《舊約·創世記》第 3 章第 19 節記述，上帝對即將被驅逐出伊甸園的亞當說：「你必須辛苦勞作並且汗流浹背才能有麵包吃。」

只是讓別人出汗而自己卻吃麵包。有人說依靠放債獲取利息的人全都應該戴上黃色的帽子，因為他們早就變成了猶太人。[237] 還有人說用錢生錢，這是違背上帝意願的。[238] 像這樣的批判太多了，在此不一一列舉。

然而，我認為有息貸款是一種對人們不肯借錢給他人的讓步，因為在生活中相互之間借錢是不可避免的事情，而通常人們又不心甘情願地借給他人錢財，於是有息貸款算是一種補償而得到人們的認可。另有一些人對銀行、個人財產申報及其他新的舉措提出了許多新的建議和主張，但是幾乎沒有人對有息貸款提出過任何有實質意義的意見。我認為最好的辦法是，將有息貸款的好處與弊端都彰顯出來，使大家能夠謹慎有效地利用其好處，而避免陷入更加糟糕的境地。

有息貸款確實存在一些弊端，大致有以下幾點：其一是減少了商人，要知道如果沒有借貸這種行業，貨幣就會被更多地運用於商業貿易而不是靜靜地躺在錢箱裡不動，而商業貿易卻是一個國家的經濟命脈；其二是使得商人們日漸墮落，就像農場主如果能夠收取高額的地租就放棄經營土地一樣，商人們既然可以放債收取利息，那麼他們就不會專注於

---

[237]　在中世紀時期，歐洲的許多國家規定猶太人必須戴一頂黃色的小帽，另外猶太人中有很多放債來獲取利息的人。

[238]　這是亞里斯多德在他的著作《政治學》中所論述的觀點，莎士比亞在他的著作《威尼斯商人》（*The Merchant of Venice*）中也對這個觀點進行了詳細生動的闡釋。

商業貿易上；其三是前兩者的必然結果，那就是由於商業的興衰與稅收的漲落成正比，於是國家或君王的稅收將極大減少。

其四是一個國家的財富最終集中在少數幾個人手中，因為放債人總能獲得高額利息，而借債人返還本息的機會有限，於是慢慢地所有的財富便彙集於少數人手中，而財富的分配不均就可能導致國家的衰落；其五是使得土地的價格不斷下降，這是因為錢財通常用來購買田地和用於商業往來，而有息貸款使得它們都受到阻礙；其六是嚴重地妨礙了改革創新和工廠企業的發展，因為要是沒有有息貸款，錢財一般會在這些方面發揮積極作用；最後一點是有息貸款將使得大部分人破產，從而導致全民貧困的局面形成。

但是，換一個角度來看，有息貸款也是有其好處的。首先，雖然它在一定程度上限制了商業貿易的發展，但是它卻在另一方面促進了商業的發展。毫無疑問，現在的大部分商業貿易都是依靠有息貸款，而獲得資金的年輕人在從事，所以如果放債人立即要求還清借款或者不再借出資金，那麼商業貿易將會馬上停止。其二，如果這種有息貸款，幫助借債人救急的話，他們很快就會破產，因為一時之急的困頓可以使他們以極低的價格變賣資產。

所以，有息貸款雖然盤剝著他們，但是不景氣的市場卻

會使他們全軍覆沒。即便借債人抵押典當，也是無濟於事的。因為受押人或者拒絕接收沒使用價值的物品，或者迫切希望抵押人無法贖回這些物品。我曾經記得有位鄉下富豪就說：「趕快讓這討厭的有息貸款消失吧，要不是它，我早就得到了嚮往已久的物品和房契。」最後一點是，不付利息就想得到資金簡直就是做白日夢，且限制借貸的做法也會直接導致不良的後果，因此那些一直想要取消借貸的人只是徒勞而已；加之現在的國家都採用借貸的形式，只是利率和種類有所差別，因此真正想要取消借貸是不可能的事情。

既然無法取消借貸，那麼現在就談談如何改進和規範它，盡量避免其不利的地方而發揮其有用的優勢。透過上文的論述，從中可以看出有兩點迫切需要改進：一是要限制出借人的利息數額，使其放鬆對借債人的盤剝；二是要鼓勵發展公開借貸的方式，讓有錢人借給商人資金，從而促進商業的繼續發展。如果想要做到這一點，必須採用兩種不同的借貸方式：一是較低利息的借貸，二是較高利息的借貸。因為如果把利息降得太低，一般人都很容易借到資金，那麼商人就很難借到錢財了；同時應該看到，由於商業貿易的利潤最高，因此商人是極為願意付出較高利息的，並且自身也能負擔得起。

實現上文所說的兩點改進，無外乎採取下面的措施：設

定兩種不同的利率，一是為普通人而設，一是為商人而設。普通利率可以不受限制，但是那些在特定地區從事某種商業活動的人必須設定有限制的特殊利率。因此，首先降低普通年利率，使其降到 5%，並且宣布如果按照這個利率放債就不會受到限制，最為重要的是國家一定要保證這種借貸不受到處罰。這一措施可以避免借貸活動的停止，無疑是減輕了無數借債人的經濟負擔，而且在一定程度上提高了土地的價格，因為購買土地獲得的利潤將明顯高於借貸利息。

同樣的原因，這也將促進工業的發展和各種改良創新，因為許多人寧願把資金投入這些方面以獲取較高的收益，也不願獲取較低的借貸利息。其次，還應該允許一些人按照較高的利率標準借給已經知道的商人，不過這項舉措必須保證做到以下幾點：一、這種借款的利息應該低於商人們之前的借貸，從而可以有效減少借貸人的負擔；二、放債人應該是貨幣的實際擁有者，而不是銀行或者公共資金的保管者，這並不是由於我不喜歡銀行，而是因為有些銀行活動不能給人帶來完全的信任，所以不能授予它們這種權力。

三、國家應該對這種特許放債收取一定量的稅款，但是務必保證債主可以得到大部分的利潤，這是由於放債人不會因小失大。舉例來說，一個放債人寧可降低從前的利息，從 10% 或 9% 降到 8%，也不願放棄這份收益去做其他存

在風險的行業；四、儘管對這些特許的放債人數量可以不加限制，但是必須把他們的活動限制在某些具體的重要商業地區，這樣就可以有效制止某些人的投機倒把行為，既不可能發生以較低的利息借入資金，然後又以較高的利息借出資金；因為任何人都不想把錢借給一個遠在他方、毫不知情的陌生人。

如果有人站出來反對，說按照上文的措施就是在公開地認可有息貸款，而在之前它只是在區域性被人偷許預設；那麼我只想說一句：對於有息借貸，與其那樣偷許預設而導致一些不良的後果，倒不如公開地承認其合法性以便對其加以引導限制，發揮它自身的積極作用。

父母與子女

選擇最好的生活道路，習慣慢慢會使那條路成為合適的，而且走起來心情愉快。

做父母的人經常把歡快和痛苦都隱藏在心底，因為有些感受是不能向子女吐露的，而有些卻是他們不願意說出口的。子女的成長可以使得父母的辛苦勞作看到希望，得到回報，於是父母感到雖然辛苦，但很快樂；但是為了使得子女有更好的前程而過度奔波，也可以使父母的辛苦加重。子女的各種問題伴隨著年齡的增長會日益增加，這也會促使父母對生活感到擔憂，但是也會減輕他們對死亡的恐懼。動物都能繁衍後代，並不斷延續下去，但是能夠在生前留下宣告、榮譽和事業，卻是人類所獨有的。

正如人們經常見到的那樣，最偉大的功業從古至今都是由一些沒有後嗣的人最先開創，這些人由於沒有後嗣延續他們的肉體，就倍加努力實現他們精神的再現，所以沒有後嗣的人往往最為關心死後的情況了。還沒有建功立業就先成家的人大都十分寵愛他們的孩子，他們不僅把孩子看成是種族的繁衍，肉體的再現，而且把孩子當作是他們未完成的事業

的繼續，因此孩子在他們的眼裡，就如同他們所創造的事物一樣。

父母對子女之間的關心呵護往往是不平均的，而且有時是不合理的，尤其是母親的愛更是這樣。就像所羅門所說的那樣：「兒子的聰明使得他的父親歡樂，兒子的愚笨使得他的母親蒙羞。」[239] 人們可以清楚地看見，如果一戶人家中有很多子女，那他們當中總是最年長的人受到重視，最年幼的人受到縱容，居於中間的人往往受到父母的忽略，然而往往都是這些居中的子女最有出息。有些父母在給孩子日常生活的零用錢上過分謹慎，這是一個危害不淺的錯誤，因為那樣會使孩子慢慢地變得卑劣，學會欺詐哄騙，甚至結交一些狐朋狗友，而且等到將來他們有錢的時候也會大度揮霍。所以最好的方法是：父母應該對他們的子女在管理上嚴格要求，而在日常的零用錢上則給予寬鬆的待遇。

人們（無論是父母、教師還是家僕）有一種不明智的習慣，就是當孩子們在童年的時候，就鼓勵兄弟之間相互競爭。這種做法的結果往往使得孩子們在成年時，兄弟之間的關係不和，並且擾亂家庭，從而破壞家庭的和睦。

義大利人對待兒子、姪甥或其他近親晚輩就比較平等，幾乎不分什麼遠疏親近，只要他們是本家族的晚輩，即使不

---

[239]　參見《舊約·箴言》第 10 章第 1 節。

是自己親生的孩子，也一視同仁。說真的，實際上這些孩子們也差不多是一回事，因為我們經常看見某個外甥或者姪子有時候更像他的叔叔、舅舅或另一位近親長輩，而不像他的父親，這是家族之間的血脈相通造成的。

做父母的應當儘早決定孩子們今後要從事的職業或者學習的相關專業，因為孩子越小，他們的潛在能力發揮的空間就越大；同時父母不要過分尊重孩子的意願，不要以為孩子現在想做的事情他們將來也會喜歡做。不可否認，如果孩子的愛好或者天賦很不一般的話，那當然是不能阻攔孩子去做他們喜歡做的事情，這是值得欣賞和比較明智的做法。

不過對於大部分人來說，這句諺語倒是更加符合實際情況，那就是：「選擇最好的生活道路，習慣慢慢會使那條路成為合適的，而且走起來心情愉快。」兄弟中的年幼者通常是比較幸運的，可是假如兄長被剝奪了繼承權，那麼這種幸運恐怕也將難以維持下去了。[240]

---

[240]　作為弟弟的人，一般都知道以後必須自食其力，因此從小就勤奮好學，並始終保持節約的作風，所以說「幸運」；但是他們如果獲得了一大筆遺產，就很快放棄節儉流於奢華，這就是所謂的「福兮禍所伏也」。

結婚與獨身

　　賢妻們為了證明自己的選擇是明智的而不是愚蠢的，於是就竭力維護自己的這種婚姻，這大概就是她們的婚姻能夠持續下去的原因吧。

　　建立家庭並有子女的人通常不會做出什麼大的成就，因為妻子與兒女是成就大事業的阻礙物，不管他即將從事的事業是善的或者是惡的。毫無疑問，對人民大眾最為有利的事業，從古至今都是那些沒有妻子和兒女的人創造的，這些人在感情上更加依賴於公眾，並且用自己創造的價值為公眾事業做出了巨大的貢獻。但是，**就常理來講，有家室的人對於將來的遠景有著更為急切和熱衷的關心，因為他們心裡明白孩子是生活在將來的，是他們的希望。**

　　世界上有這樣一種人，他們自己過著單身的生活，然而無時無刻不在想著自己，認為自己與將來沒有關係；世界上還有另外一種人，他們認為妻子兒女是經營人生過程中的必然開銷，成立家室是再理所當然不過的了；甚至有一些愚蠢而貪婪的有錢人，居然因為沒有子女而沾沾自喜，他們覺得這樣沒有人開銷財產而變得更加富有；也許他們聽過這樣

的話，一個人說「某某人是個大富翁」，而另有一人卻不同意地說，「是的，他的確有很多錢，但是他必須撫養很多孩子」，好像子女會消減那個人的財富似的。

不過，為了自由而選擇單身不建立家室，也是可以理解的，尤其對那些以自我為中心的人來說，這一點更是如此。因為這種人厭煩一切形式的約束，並對之十分敏感，甚至認為自己身上穿的衣服都是一種束縛。單身的人一般是最好的朋友，最好的主人，最好的僕人，但是並不是最好的臣民，因為他們無牽無掛，很容易逃向另一個國度，差不多所有逃向其他國度的人都是單身的。

僧侶和修士必須過一種單身的生活，因為如果他們建立家室的話，他們就只僅僅關愛他們的家人，這樣就無法把更博大寬厚的愛施予其他的人。國家的各級法官是否單身不是一個嚴重的問題，因為如果他們受人引誘並作出貪汙受賄的行為，使得他們走上這條路的人，多半是他們的同僚而不是他們的妻子。至於軍隊裡的官員士兵，將軍激勵下屬的時候，總是喜歡讓他們想到自己的妻子兒女；同時，土耳其人歷來對家庭婚姻都不是很尊重，這就導致他們的士兵變得更為卑賤。毫無疑問，妻室兒女對於人類而言確實是對人性的一種磨練。

單身的人，雖然因為自己沒有什麼開銷而時常慷慨大方

地施捨，但是在另一方面他們卻更為冷酷無情（更適合做審訊官吏），因為他們的柔情總是處於睡眠的狀態。性格嚴肅莊重的人，常受風俗引導，因而心志不移，所以多是情愛甚篤的丈夫，就像傳說中的尤利西斯（Ulysses），年邁的妻子與永生相比，他更願意選擇前者。[241] 貞潔的女人總是很高傲自負，她們的性情強暴不馴順，好像她們由於貞潔的美德而無所畏懼。作為丈夫的必須很明智，這樣才能保證妻子既貞潔又順從，但是如果妻子感受到丈夫總是猜疑的話，她就會認為丈夫是不明智的人。作為妻子，她是青年男人的情人，中年男人的伴侶，老年男人的護士；所以只要一個人願意的話，他隨時都有娶妻的理由。

　　但是，有一位被人們尊奉為智者的人另有一番別論，人們問他應當什麼時候娶妻的時候，他說：「年輕的人還不應當，年老的人全不應當。」[242] 人們經常看到奇怪的現象，那就是庸俗的丈夫總能娶上賢惠的妻子，也許是因為這種丈夫的好處偶爾出現時，更顯得難能可貴，或者也許是因為做妻子的為自己的耐心而自豪。但是，只要賢妻們沒有經過親朋

---

[241]　根據《荷馬史詩》記載，在從特洛伊返回家鄉的路途中，尤利西斯曾經在一座島上被圍困了好長時間，該島的女神卡呂普索（Calypso）願意嫁給他並一起與他共度人生，但是尤利西斯拒絕了這一切，最終回到自己的家鄉與妻子團聚。

[242]　「智者」是指古希臘的哲學家泰勒斯（Thales，約前 624- 前 547），傳說他的母親屢次勸說他趕緊結婚，但是他總是找各種藉口回絕，年輕的時候說是太幼稚，年長的時候又說太老邁。

好友的同意而擅自選擇那些庸俗的丈夫，這樣的婚姻基本上是不會失敗的。賢妻們為了證明自己的選擇是明智的而不是愚蠢的，於是就竭力維護自己的這種婚姻，這大概就是她們的婚姻能夠持續下去的原因吧。

習慣和教育

性格上的傾向在相當程度上決定了人的思想發展，經常接受的知識和主張決定了人的言論內容；但是長期形成的習慣則決定了人的行為方式。

性格上的傾向在相當程度上決定了人的思想發展，經常接受的知識和主張決定了人的言論內容；但是長期形成的習慣則決定了人的行為方式。所以，馬基維利認為，**性格的力量不能輕易相信，言辭的豪邁也不能輕易相信，除非它們已經被習慣證明**。[243]

一位史學家曾經說過一則事例：如果想要使刺殺君王的陰謀取得成功，主謀千萬不能只憑行刺者的殘暴性格或犀利言辭就輕易地信賴他，而是應該挑選一名早已沾滿鮮血的殺手。

然而，馬基維利沒有想到會有位克萊芒，沒有想到會有位拉瓦亞克，沒有想到會有位若雷吉，也不會想到會有位熱

---

[243] 這種說法參見《論李維》第 3 章第 6 節，馬基維利在這一節中談論了刺殺君王的許多難處。

拉爾。[244] 但是儘管如此，他的話大體上還是正確的，性格的力量確實沒有習慣的力量強大，只是我們對於誓言的力量不應低估。現今的宗教活動此起彼伏，導致從來沒有見過血跡的人，殺起人來絲毫不遜於職業的屠夫。在行刺暗殺方面，誓言的力量已經與習慣的力量等量齊觀。不過在其他方面，還能經常看到習慣的支配地位；所以你會發現，儘管有宣誓、許諾、保證等，人們還是會一如既往地按照舊有的習慣行事，好像他們是習慣的傀儡，任憑習慣驅使。

此外，習俗慣例的力量在生活中隨處可見，它的影響範圍之大、程度之深，使得見識過它的每一個人感到不可思議。印度的大衣教[245]信徒居然能夠平靜地躺臥在乾柴之上，然後點火自焚[246]，不僅他們如此，連其妻子也大部分都追尋著丈夫的軌跡一起葬身火海。古代的斯巴達有一種奇怪的習慣，男孩總是在黛安娜（Diana）的祭壇上接受鞭笞，甚至

---

[244]　克萊芒（Jaques Clement, 1564-1589）在 1589 年刺殺法王亨利三世；拉瓦亞克（Francois Ravaillac, 1579-1610）在 1610 年刺殺法王亨利四世；若雷吉（Jaureguy）在 1582 年行刺奧倫治親王威廉沒有成功；熱拉爾（Baltazar Gerard, 1558-1584）在 1584 年在若雷吉之後刺殺威廉成功；上文所說的這些刺客都不是職業殺手，這幾起有名的謀殺全都發生在馬基維利（1469-1527）去世很多年以後。

[245]　天衣教（Gymnosophist）是印度耆那教（Gina）的一個派別，除耆那教正統的苦行主義和「三正五戒」外，該教派還主張裸體、不穿衣服，靠乞討為生。

[246]　這是培根的誤解，因為反對祭祀是耆那教的特徵之一。

一聲不吭地接受殘酷的暴打 [247]。

在伊麗莎白女王時代，我記得有一位愛爾蘭叛逆者被判死刑，他曾經給總督上書，要求執行死刑的時候不要用絞索吊死他而是用籐條，因為按照愛爾蘭的慣例，叛逆者處以絞刑的話一般都使用籐條。為了贖罪，俄羅斯的東正教徒會在盛滿涼水的大盆裡坐上一夜，直到整個身體被凍住。習俗對人的精神和肉體的強大作用，我們還可以舉出更多的例子。從中可以看出，既然習慣的作用這麼重大，能夠主宰人的生活，那麼我們必須努力培養良好的習慣。

毫無疑問，在青少年時期形成的習慣是最為良好的。我們把這種早期形成的習慣稱之為教育。就我們所知道的而言，青少年的舌頭更為靈活，四肢也較為柔軟，因此他們很容易模仿各種聲音的腔調，極易學會各式各樣的運動專案，而成年人在這些方面卻稍遜一籌。儘管有些聰明智慧的人，從來都不是一成不變的，他們始終可以保持靈活機動的狀態，隨時隨地學習能夠促使他們更加完美的東西，但是這樣的人在現實生活中非常罕見。

如果說個人習慣力量的單純獨立，已經使其彰顯出不小的力量，那麼相互結合而成的集體力量則非比尋常，因為在

---

[247]　這種鞭笞的主要目的是為了鍛鍊意志。古代斯巴達男子從 7 歲起，就要接受這種嚴酷的訓練，18 歲接受軍訓，20 歲成為一名軍人，30 歲結婚以後的大部分時間也是在軍營，直到 65 歲才得以退伍。

集體中競爭的鞭策、榮譽的指引、榜樣的教導和同伴的鼓勵
促使習慣的力量不斷增強。毋庸置疑，想要增加人類習性中
的優點和長處，要把重點放在社會各團體[248]的嚴明規章和純
正風氣上，因為政府和國家不去改良形成美德的種子，而只
是一味地鼓勵已經形成的美德；但是現在這種培育美德種子
的有效手段，正被用於各種非道德目標的實現，真是讓人感
到可悲可嘆。

---

[248]　這裡的社會團體（societies）是指各種教會教派以及在其控制之下的學校。

殘疾

　　由於精神世界的建立需要發揮人的主動性，不像肉體那樣只能聽天由命，因此後天的修養和德行可以有效地改變性格傾向。於是，千萬不要歧視身有殘疾的人，而是應該把他們視作有精神動機的人。

　　身有殘疾的人總是向造物主抱怨。既然造物主對待他們的命運不公正，那麼他們也會對造物主不仁不義。由於大部分殘疾的人「缺乏自然親情」，[249] 所以他們待人接物都懷著深深的報復之心。

　　毫無疑問，精神與肉體應該是一個和諧的平衡狀態，因此當造物主在一方面釀成差錯以後，另一方面也一定會出現問題。但是由於精神世界的建立需要發揮人的主動性，不像肉體那樣只能聽天由命，因此後天的修養和德行可以有效地改變性格傾向。於是，千萬不要歧視身有殘疾的人，而是應該把他們視作有精神動機的人。那些總是覺得遭人輕視的殘疾人，他們身上始終存在一股永恆的動力以此來避免其他人的白眼。於是，我們經常會發現，殘疾的人都非常勇敢，這

---

[249]　參見《新約‧羅馬書》第 1 章第 31 節。

種勇敢可能最初只是為了進行自衛，尤其是遭到別人嘲弄的時候，但是時間一長就形成了一種習性。

身體的缺陷，還能夠激起殘疾人發憤圖強，尤其是善於觀察他人的弱點，這樣便可以發現實施報復的地方。另外，殘疾人能有效地消除別人對他們的嫉妒，因為他們在常人眼中無非是被人輕蔑的對象；殘疾人還可以使得競爭對手放鬆警惕，因為後者不相信殘疾人的能力能夠正常發揮，直到他們親眼看到為止。總而言之，生理缺陷對於一個富有智慧的人來說，是他升遷的有力推動因素。

古代和現代某些國家的君王經常恩寵身邊的親信，因為妒忌一切的宦官們更願意效忠並服從君王一個人；君王對於他們的寵信，就像是把他們看作自身的耳目，而不是把他們當作正常的官員。

殘疾人的情況與宦官很類似，他們的共同之處在於，如果自身的能力允許的話，他們將竭盡全力地消除別人對他們的蔑視，而採用的手段不是善良的就是邪惡的。所以，如果你碰到的殘疾人原來是傑出的人物，那麼不用感到驚奇，要知道他們當中已經有過斯巴達國王阿格西萊（Agesilaus）、蘇里曼一世之子桑格爾[250]、寓言大師伊索[251]和祕魯總督加斯

---

[250]　桑格爾的綽號是「駝背」，另外可以參見本書《論帝王》中關於蘇里曼一世的註釋。
[251]　根據 13 世紀發現的一部手抄本《伊索傳》記述，伊索的形體十分醜陋。

卡 [252]，恐怕連蘇格拉底（Socrates）和其他一些人也都屬於他們的行列吧。[253]

---

[252]　加斯卡（Gasca de la Pedf, 1485-1567），西班牙的天主教教士，1547 年被派遣前往祕魯，負責殖民地的秩序恢復，1548 年打敗叛敵皮薩羅並將其處死，1550 年返回西班牙擔任錫古恩薩及帕倫西亞主教。傳說這個人的四肢比一般人要長很多。
[253]　蘇格拉底的相貌很醜，但是他並不是殘疾。

辭令

‧‧

沉默慎言勝過善於雄辯，所以在和人交談的時候，能夠傾聽比侃侃而談更重要。

與辨明真偽的判斷能力相比，有些人容易更喜歡在言談中流露出的妙語趣言；好像語言的表達方式更為受到青睞，而所表達的內容卻無關緊要。有些人對一些老生常談的話題津津樂道，並總是能就其中的一些問題侃侃而談，但是發揮和創新的餘地幾乎沒有。這種單調的言辭一般都顯得比較沉悶，而且人們一旦發覺就會笑其荒唐。善於言談的人一般都能提起話題，並在適當的時機緩和氛圍並轉移話題，這樣的人算得上是談話中的指揮者。

我們在與人交談時，最好能夠抑揚頓挫、舒緩張弛，比如在時事中加以論證，在陳述中輔以推理；一會向他人提出問題，一會解答別人提出的問題；有時態度嚴謹，有時語氣調侃，因為如果總是用一種語氣陳述會讓人感到索然無味，就像人們現在喜歡說的那句「真無趣」。說到調侃，我們必須注意有些事情或人物是不能調侃的，比如偉人、國家事務、宗教以及一切人的當務所急和任何值得憐憫的疾病；不

過，總是有些人認為言辭如果不刻薄的話，就不能顯示其風趣，這是應該阻止的一種傾向。

小夥子喲，請少用鞭子，多拉韁繩。[254]

最為重要的是，聽話人一般都能分辨出哪些是尖刻，哪些是風趣。所以，那些喜歡嘲諷別人的人應該記住，你的言辭可能會使得他人懼怕，但是你也應該顧慮到被嘲諷人的記憶。交談中善於提問的人不僅自己會從中獲得益處，而且也可以使他人得到滿足，尤其是所提問題是對方的專長的時候，因為在這種情況下，對方非常願意回答他的提問，而他也收穫了不少知識；但是所提問題的難度應該保持在一定範圍之內，因為過於難解的問題只適合老師考問學生。

如果是擔任座談的主持人，那麼務必要保證每一個人都有說話的機會；如果有的人談論得滔滔不絕，就應該設法轉移話題，引入其他人也加入其中，就像當年樂師們對加利亞舞舞迷所採取的措施那樣[255]。如果你對自己所懂的事情偶爾假裝不知，那麼下次你對不懂的事情保持沉默，別人也會認為你懂。我們在交談中應該少提及自己，說到自己時一定要謹慎小心。我認識一個人，他喜歡說一句風涼話：「過多地談論自己的人，也一定是一個智慧的人。」只有在談論另一

---

[254]　參見奧維德《變形記》（*Metamorphoses*）第 2 章第 127 行。
[255]　加利亞舞（galliard）是一種輕鬆、活潑的三節拍雙人舞，1541 年從法國傳到英國，在伊麗莎白時代曾經十分流行，跳這個舞蹈的人一般不會感到疲倦，於是樂師們經常主動變換舞曲來照顧他人。

個人的優點時，既可以稱讚自己又不會有失體面，尤其當這種優點說話人本身也具備之時。談話當中如果涉及議論某些人，應當避免針對具體的個人，因為交談應該像一片原野那樣阡陌交錯，沒有一條專門的道路直達某人。

我曾經認識兩位貴族，他們都是英格蘭西部人，其中的一位喜歡嘲諷別人，但是卻總是在家中設宴招待客人；而另一位總是喜歡詢問去前者家中赴宴的人：「你說句實話，難道沒有在其間受到他的嘲諷挖苦？」這些客人們經常回答有此類事情的發生，於是問話的這位經常會說：「我早料到這桌豐盛的佳餚會被他糟蹋掉。」沉默慎言勝過善於雄辯，所以在和人交談的時候，能夠傾聽比侃侃而談更重要。那些只善於滔滔大論而不能隨機應答的人，顯得稍微反應遲鈍；善於隨機應答但是又不能暢談不決的人，顯得有些淺薄無知。這就好比人們在動物界所見的那樣，不善於長時間奔跑的多善於扭轉自身，就好比獵犬和野兔的分別。在談論要點之前鋪陳太多會讓人感到厭煩，但是沒有一些鋪陳又顯得過於生硬。

青年與老年

···

　　你們的青年人要看到奇異的景象，老年人要做奇異的睡夢。

　　青年人也可以變得穩重老成，只要他沒有虛度光陰，然而這樣的人畢竟是少數。一般而言，青年好像是剛剛形成的想法，與經過仔細考慮的見解還是有一定的差距。正如在年紀上存在青春時代，在思想的歷程上也有幼稚的時期。與長者相比，年輕的人具有旺盛的創造力，他們的頭腦中會不斷湧現出各式各樣的想法和觀點，而且他們對於靈感的捕捉也遠遠勝過年長者。但凡生性容易惱怒，性格奔放且欲望很強烈的人，都要等到過了中年之後才能取得較大的成就，凱薩和塞維魯斯這兩個人就是最好的例證[256] 對於塞維魯斯，曾有人說他年輕的時候不拘小節，甚至有些瘋癲猖狂；[257] 然而他在羅馬的歷代皇帝中幾乎可以說是最有作為的一個了。

　　有些性格穩重的人，他們在年輕的時候就可以有所建

---

[256]　凱薩 42 歲（前 58）就擔任了高盧的總督，51 歲（前 49）便奪取了羅馬的政權，52 歲才徹底打敗龐培，當上終身的獨裁者；塞維魯斯也是等到年老的時候才當上羅馬皇帝，這些都是大器晚成的例子。

[257]　參見斯巴提亞努斯（Spartianus）的《塞維魯斯傳》。

樹，比如羅馬皇帝奧古斯都、佛羅倫斯大公科西莫，以及勒莫爾公爵加斯東等等。[258] 但另一方面，年老的人如果能保持青年般的熱情開朗，那麼這對於事業來說是一件極為有益的事情。青年人更擅長創造而不是判斷，更適合實施新的措施而不是墨守成規，更適於執行命令而不是整體決策；而老年人由於具備豐富的經驗，所以但凡經驗之內的事情，他們都做得得心應手，但是遇到新情況時就有可能不知所措，甚至誤入歧途。青年人一旦出錯的話，往往可以導致事情的全盤跌滅，但是年長者的失誤僅僅導致本來可以做得更多更快的事情，現在做得少點慢點。

在指揮行動和實施計畫方面，年輕人經常會魯莽地奔向目標，而不具體考慮實施的辦法和方式。由於他們的好大喜功和不自量力，往往只是把他們偶然發現的某某主義直接套用上去。在整個目標實現的過程中，青年人求變心切總是產生一些不必要的麻煩，而在糾正錯誤的時候，卻貿然使用極端的手段，這樣最後的結果往往錯上加錯，無法悔改。青年人在此就像一匹沒有經過訓練的戰馬，不知道什麼時候轉彎，也不知道什麼時候停止。與此相反，老年人對待事情往

[258] 奧古斯都在西元前 30 年時就打敗了安東尼，後來就成了實際上的羅馬統治者；科西莫（Cosimo de Medici, 1519-1574）在 18 歲的時候就當上了大公；而法國的勒莫爾公爵加斯東（Gaston de Foix, 1489-1512，duc de Nemours）也是在年輕的時候當上了法國駐義大利軍隊的統帥，因為其用兵神速而被後世銘記。

往猶豫不決，一再商議討論。一件事情在他們手裡很難迅速地完成，由此錯失的機會非常多，後悔自然也是常有的事情。對於任何任務的完成，他們不願意追求更為完美的結果，甘願平庸做事。

毋庸置疑，任用人才應該老少皆用。這樣做的話有益於短期的發展，因為老少雙方的優點可以彌補各自的不足；對長遠的發展也很有利，因為青年人可以從老年人那裡學到很多東西。此外，由於年長者的經驗具有權威性，再加上青年人總是受到歡迎，這樣他們的結合可以有效地處理民間事務。至於在道德風貌方面，青年人應該發揮主要的作用，就像年長者在政治領域占據主導地位那樣。有位猶太拉比[259]在講「**你們的青年人要看到奇異的景象，老年人要做奇異的睡夢**」[260]這句經文的時候，明確地指出青年人比老年人更加接近上帝，因為奇異的景象比奇異的睡夢更能啟示人們。

毋庸置疑，人們活得越是長久，在俗世中就陷入得越深。歲月只是使人增加為人處世方面的能力，而對情感方面的美德絲毫沒有作用。大千世界中的人，有的很早就成熟了，然而這些過早成熟的人也往往容易早衰。這種早熟早衰的人大致有三種：第一種是年輕時才智聰明絕頂的人，但是

---

[259]　這裡是指著名猶太神學家阿卜拉巴勒（Issac Ahrabanel, 1437-1508）。

[260]　參見《新約‧使徒行傳》（*Acts of the Apostles*）第 2 章第 17 節；《舊約‧約珥書》（*Joel*）第 2 章 28 節也有這句話：「你們的老年人要做奇異的睡夢，青年人要看到奇異的景象。」

很快就才智枯竭了，比如修辭學家希摩熱內斯，他寫的修辭學著作聞名遐邇，但是隨著時間的推移他自身卻慢慢變成了愚鈍之人。[261]

第二種人生來就具有某種氣質，但是這些氣質僅僅為青春新增些色彩而不能為老年增加光輝，就像說話的聲音優美且修辭華麗，但是這些僅僅適用於青年人而非老年人。所以，西塞羅評價奧滕修斯時說：「儘管他的風格還是原先那樣，但是那種風格很明顯已經不適合他。」[262] 第三種人在建功立業之初就已經名聲大噪，但是後來卻很難維繫這赫赫的聲名，比如大西庇阿就屬於這種人物，李維對他這樣評價：「他早期的功績蓋過了他後期的作為。」[263]

[261]　希摩熱內斯（Hermogenes）是 2 世紀的希臘修辭學家，他所著的修辭文曾經被廣泛地用作教科書，據說他在 25 歲的時候就喪失了記憶。

[262]　參見西塞羅《布魯圖斯》第 95 章。奧滕修斯（Quintus Hortensius，前 114-前 50）是古羅馬雄辯家、律師，他在「維列斯審判」中作為西塞羅的辯論對手而出名。

[263]　參見李維《羅馬史》第 38 卷第 53 章。大西庇阿（Scipio，前 236- 約前 184），20 歲時任軍團副將參加著名的「坎尼戰役」，在第二次布匿戰爭中擔任古羅馬的主要將領，34 歲時由於率軍攻占迦太基結束第二次布匿戰爭而獲得「阿非利加征服者」的稱號。後來他遭遇到奴隸主民主派的不斷攻擊，便憤然離開了羅馬，直到去世一直在故鄉隱居。

門客與朋友

真正的友誼其實並不多見，而在利害關係中的友誼更是罕見。

不要籠絡身價太高的門客，如果那樣做的話，你就像一隻孔雀，雖然長了尾巴，但是卻短了翅膀。這裡所說的身價太高，不是僅限於那種花費大量錢財的人，也指那些嘮叨糾纏和使人厭倦的人。主人一般會提供贊助、推薦和庇佑，除此之外，門客不應該再提出過高的要求。**對於那些喜歡拉幫結派的門客，主人們更是應該避而遠之，因為他們來投靠你的門下並不是因為對你的仰慕，而是對另外的一些人心懷不滿和怨恨。**倘若你收留了他們，會有一系列我們常見的大人物般的誤會接踵而至，使你不得消停。

那種愛吹捧主人的門客也會帶來不少麻煩，因為他們一味地吹噓卻忘記了保密，結果往往適得其反，不僅使得主人的名望受損，還給主人招來許多不必要的嫉妒。還有一種門客也很危險，他們善於打聽主人家的祕密，並將這些祕密告訴外人。然而，這種人就像是潛伏的間諜一樣善於偽裝，總是能受到主人的寵信。因為他們非常殷勤且善於恭維，經常

告訴主人那些，他們用主人家祕密去換取的外人祕密。某位大人物總是被一些與其職業身分相符的人追隨，這是司空見慣的事情；即使在君主制國家也是普遍存在的。

但是，在這樣的大人物中，那種想要提升追隨者的美德的人是最為可敬的。如果追隨者們的德行沒有明顯的差異，那麼寧願收留才幹平平的人，而不是那種精明能幹的人。毫無疑問，在這個人心不古的時代，積極行動的人遠比德才出眾的人更能受到重用。[264] 當然，對於政府中的同級官員，君王應該公平對待，這是歷朝歷代的規定。如果君王不顧及舊有的慣例，一味地對某人寵愛有加，那麼受到厚愛的人一定會驕傲自矜，而其他的官員也會產生不滿和怨恨，因為他們有權利要求一視同仁。

然而，豢養門客的情況卻與此恰好相反。**主人對門客有親近遠疏之別才是最好的策略，因為這樣可以使受器重的人更加努力，使其他人更加積極出謀劃策，畢竟主人的歡心決定著一切。**如果剛剛接納門客，對於任何人都要萬分謹慎，不能對他們的意見全都採納，因為這時你並沒有掌握行事的分寸。一旦你陷入被某人牽著鼻子走的境地，那你就非常危險了。

---

[264] 有的英國學者認為，這句讓人想到修昔底斯所描述的西元前 427 年內亂中的希臘（…recalls Thucydides' description of Greece during the civil quarrels of 427B.C.）。這一年，希臘貴族派和民主派的鬥爭日益公開化，最終民主派獲勝。當時民主派有大批的奴隸追隨，這些奴隸算是民主派「積極的行動者」；而貴族派的追隨者中也有不少「才智出眾的人」。

　　因為這種情況顯示出你的軟弱，這樣對你的毀謗就會肆無忌憚。因為由於你的缺點，連平時那些不說三道四的人也大膽地在背後對你橫加非議了，這樣你的名聲很快就會掃地。然而，對於眾多門客的意見都聽從的話，會比這更加糟糕。因為那樣會使得你的個人意見無足輕重，就像印刷過好多次的樣本，只是教改過的東西而已。旁觀者清，當局者迷，身處山谷谷底的人更能認清廬山的面目，因此聽取身邊朋友的建議永遠都是正確的。**真正的友誼其實並不多見，而在利害關係中的友誼更是罕見。**惺惺相惜，只不過是人們一貫常用的誇張手法；真正的友誼往往存在於地位有差別的上下級之間，這種朋友關係最為穩固，也能夠經歷風風雨雨，長時間地一路同行。

財富

在我看來，財富只是德行的一個包袱。

在我看來，財富只是德行的一個包袱。倘若用拉丁語來表述包袱一詞的話，用 impedimenta[265] 是最好的選擇，因為財富相對於德行來說，就相當於物資對於軍隊的關係。物資是不能缺少的，但是也不能滯後。物資總是有礙於軍隊的行進，有時物資過於繁多，導致延誤戰績並影響最後的勝利。其實，大量的財富沒有真正的用處，除了可以吃喝之外，並沒有其他真正的用途。因此，所羅門曾經說過：「財物越多的話，依靠財富過活的人也就越多；除了能夠大飽眼福之外，財富的聚集者又能得到些什麼呢？」[266]

任何人的個人生活所需不可能非要巨大的財富才能滿足，那些巨大財富的占有者也是只保管財產而已，或者享有富豪的名聲，或者擁有施捨捐贈的權利，但是錢財對於他們自身並沒有實在的好處。你難道沒有看到有些人為了稀有的東西或幾顆小石子願意付出高額的價款？你難道沒有看到有

---

[265] impedimenta 有「包袱、輜重、障礙」等含義。
[266] 參見《舊約·傳道書》第 5 章第 11 節。

些人為了顯示自己的富貴而大肆鋪張建設嗎？不過有的讀者會認為，錢財可以幫助人們減災滅難，就像所羅門說的那樣：「在富人的心裡，錢財就像是一座城堡。」[267] 不過這句話一語中的，那座城堡在人們的心裡，而不是在現實中。

毋庸置疑，錢財消災解難的時候往往不及招災引禍的時候。千萬不要為了炫耀而去追求財富，你獲得財物應該取之有道、用之有方，更應該快樂地施捨、欣慰地放棄。但是我們也不應該像修道士那樣，對金錢不屑一顧，不食人間煙火。只是我們需要注意賺錢的方式和目的，就像當年西塞羅幫助波斯圖穆斯辯護的時候所說：「他追求財富只是為了能更好地幫助他人，而不是為了滿足自己的虛榮之心。」[268] 此外，我們還應該聽從所羅門的教誨，不要著急地去聚集財富，「那些著急想發財的人勢必會失去自己的清白」。[269]

在詩人的篇章中，財神普路圖斯受冥王普路託差遣時跑得飛快，而受天帝朱庇特派遣時卻磨磨蹭蹭。[270] 這些虛構的文字，包含著一個淺顯的道理 —— 僅僅依靠汗水和誠實是沒有辦法很快聚集財富的，但是依靠他人的死亡卻可以很快致富。如果把普路圖當作魔鬼的話，這種虛構也是十分恰當

[267] 參見《舊約·箴言》第 18 章第 11 節。
[268] 這句話出自西塞羅的《為波斯圖穆斯辯之二》。波斯圖穆斯是西元前 1 世紀的羅馬元老院元老、銀行家。不過，西塞羅在這裡所說的「他」是指他父親，而不是指波斯圖穆斯本人。
[269] 參見《舊約·箴言》第 28 章 20 節。
[270] 古希臘作家盧奇安在他的著作《厭世者泰門》中就描述過這樣的幻想。

的：因為當這些財富透過魔鬼獲得的時候，其速度之快是非常驚人的。

獲取財富的手段各式各樣，但是大部分都是一些歪門邪道；其中吝嗇是最無辜的，但也不是一乾二淨的，因為它總是妨礙富人施捨給予窮人。最合理的生財之道是利用土地，因為大地這個無私的母親提供了土地上的一切財富，但是利用這條生財之路致富是很緩慢的。但是那些已經非常富有的人，如果願意在土地上投資的話，他們的財產還會翻倍增加。我曾認識一位英格蘭貴族，他每年需要審計的帳目是全國最多的，因為他擁有巨大的煤礦、鉛礦、鐵礦和諸如此類的產業，此外還有大片的麥田、林場、牧場和羊群，所以大地對他而言就是一股源源不斷的甘泉，永遠不會枯竭。

有人[271]說他賺大錢比賺小錢容易得多，這句話一點也不虛假。因為一個人像他那樣擁有豐厚的資金，便可以囤聚稀有的物資，然後高價賣出，或者與人合作經營年輕人喜歡遊玩的行業[272]，這樣的話他一定能夠賺到大錢。一般的行業和職業賺的是辛苦的老實錢，其主要的方法有兩種：一是勤勞上進，二是誠信買賣。但是依靠討價還價而獲利，這種做法不免讓人質疑其公平性。凡是趁他人的急需時刻而任意索要

---

[271]　指普魯塔克在他的著作《道德論集》中提到的一個名叫蘭龐（Lampon）的富商。

[272]　指能帶來豐厚利益的娛樂業。

價格，或者賄賂相關人員而招攬生意，或者採用陰險的手段
排擠其他的競爭者等等，這些都是奸詐的舉動。

　　至於那些購買東西不是為了自己使用，而是伺機高價賣
出的投機行為，對於原來的賣主和即將買入的顧客來說，都
算得上是一種敲詐行為了。如果商業夥伴比較可靠的話，一
起合夥經營一般是可以贏得較大利益的，依靠自有資金進行
放貸是可靠的發財之路，但也是最為有害的歪路。因為放債
的人不僅使得他人勞作而自己卻在享受，[273] 而且還在安息
日獲得額外的利益 [274]。不過，放債獲取利息，雖然看起來
比較可靠，但其實也是存在風險的，因為為了個人的利益，
公證人和中間人總是為沒有償還能力的人擔保。如果幸運的
話，有些人可以獲得某項發明的專利，這也是獲得意外之財
的方法，那個最先在加那利群島建立製糖廠的人就是最好的
例子。

　　因此，一個人如果可以勝任真正的邏輯學家，既善於判
斷，又善於發現，[275] 那麼他的財運就快到了，尤其是碰到
恰當的時機。僅僅依靠固定收入的人，是很難成為百萬富翁
的，而那些投機倒把的人往往是傾家蕩產，一無所有；所以

---

[273]　根據《舊約·創世記》第 3 章 19 節記載，上帝對即將被驅逐出伊甸園的亞
　　　　當說：「你必須付出艱辛的勞動，並且汗流浹背，才能有麵包吃。」

[274]　「摩西十誡」的第七誡是應該守住安息日，停止一切勞作；參見《舊約·出
　　　　埃及記》第 20 章第 8 ～ 11 節。

[275]　法國邏輯學家拉米斯（Petrus Ramus, 1515-1572）在他的著作《邏輯學》第 1
　　　　章第 2 節中說：「邏輯由兩個部分組成：一是發現，一是判斷。」

最好的方法就是有一份固定的收入作為投機冒險的後盾，這樣即使失敗了也有一條退路。如果一個地方沒有法律管制的話，那麼壟斷某種商品並囤聚起來等待某銷售是一個不錯的致富手段；尤其是當事人可以預見到未來哪種商品供不應求，從而提前將其囤聚起來更是如此。

當官享受俸祿固然非常體面，但是如果這樣的俸祿是依靠阿諛奉迎、苟且忍受或者其他充當奴僕的方式，那麼這種錢財也是最為卑賤的了。至於奪取遺囑及遺囑執行人的身分，[276]這樣的行為比前者更為卑賤無恥，因為前者討好的是君王諸侯，而後者獻媚的卻是一群卑鄙的小人。不要輕易相信那些表面上蔑視財富的人，正是由於他們對發財早已絕望，所以才蔑視財富的存在；一旦他們發財了，也會惜財如命。

不要在小錢上面過於斤斤計較，要知道財富是長有翅膀的，有時候你必須放它們飛走，有時候它們自己也會飛走，從而帶來更多的財富。人們經常把財產捐贈給社會，或者遺留給自己的兒女，但是無論哪種方式，其中的數額都必須適當。如果子女們還比較年輕、缺乏經驗見識的話，留給他們一份巨大的家業其實是不利的，因為這總能招致歹人對這份財產的覬覦。

---

[276] 參見塔西佗的《編年史》第 13 卷 42 章。王以鑄、崔妙因譯本（商務印書館 1997 年版）把這句話翻譯成「那些沒有後代的人以及他們的遺產，都逃不出他的網羅」。不過這句話出自塞內卡的政敵蘇伊里烏斯（Suillus）之口，並不是塔西佗的原話

　　同樣的道理，為了留下虛榮的口碑而捐贈，就像是一份沒有新增鹽的祭品[277]，這樣的善行就像一個墓塚，雖然外面裝飾得光彩照人，但是裡面很快就會腐爛掉。[278] 因此，不要用數量作為捐贈的標準，而是要用一個標準來限制捐贈的用途；此外，不要把捐贈拖延到自己病重之際，因為說到底，等快要死的時候才捐贈，這無疑是在顯示對他人的慷慨了。

---

[277]　《舊約‧利未記》第 2 章第 13 節雲：「獻給上帝的所有祭品都要加鹽。」

[278]　《新約‧馬太福音》第 23 章第 27 節雲：「你們這班道學先生和法利賽人將大禍臨頭，因為你們就像一座座經粉飾的墓塚，外表富麗堂皇，裡面卻塞滿了死人骨頭和各種汙穢。」

附錄　評價與生平

羅素對培根的評價 —— 出自《西方哲學史》

　　法蘭西斯・培根（Francis Bacon, 1561-1626）是近代歸納法的創始人，又是給科學研究程式進行邏輯組織化的先驅，所以儘管他的哲學有許多地方欠圓滿，他仍舊占有永久不倒的重要地位。

　　他是國璽大臣尼可拉斯・培根（Nicholas Bacon）爵士的兒子，他的姨母就是威廉・西塞爾爵士（Sir William Cecil）（即後來的柏立勛爵）的夫人；因而他是在國事氛圍中成長起來的。培根二十三歲作了下院議員，並且當上艾塞克斯（Essex）的顧問。然而等到艾塞克斯一失寵，他就幫助對艾塞克斯進行起訴。為這件事他一向受人嚴厲非難。例如，里頓・斯揣奇（Lytton Strachey）在他寫的《伊麗莎白與艾塞克斯》（*Elizabethand Essex*）裡，把培根描繪成一個忘恩背義的大惡怪。這十分不公正。他在艾塞克斯忠君期間與他共事，但是在繼續對他忠誠就會構成叛逆時拋棄了他；在這點上，並沒有絲毫甚至讓當時最嚴峻的道德家可以指責的地方。

　　儘管他背棄了艾塞克斯，當伊麗莎白女王在世期間他總沒有得到十分寵信。不過詹姆士一即位，他的前程便開展了。

　　1617 年培根獲得父親曾任的國璽大臣職位，1618 年作了大法官。但是他據有這個顯職僅僅兩年後，就被按接受訴訟人的賄賂起訴。培根承認告發事實，但只聲辯說贈禮絲毫不影響他的判決。關於這點，誰都可以有他個人的意見，因為在另一種情況下他本來要做出什麼判決，不會有證據。他被判處罰金四萬鎊；監禁倫敦塔中，期限隨國王的旨意；終生逐出朝廷，不能任官職。這判決不過執行了極小一部分。並沒有強令他繳付罰款，他在倫敦塔裡也只關禁了四天。但是他被迫放棄了官場生活，而以撰寫重要的著作度他的餘年。

　　在那年代，法律界的道德有些廢弛墮落。幾乎每一個法官都接受餽贈，而且通常雙方的都收。如今我們認為法官受賄是駭人聽聞的事，但是受賄以後再做出對行賄人不利的判決，這更駭人聽聞。然而在那個時代，餽贈是當然的慣例，作法官的憑不受贈禮影響這一點表現「美德」。培根遭罪本是一場黨派爭哄中的風波，並不是因為他特別有罪。

　　他雖不是像他的前輩託馬斯・莫爾（Thomas More）爵士那樣一個德操出眾的人，但是他也不特別奸惡。

　　在道德方面，他是一個中常人，和同時代大多數人比起來不優不劣。

　　培根過了五年退隱生活後，有一次把一隻雞肚裡塞滿雪作冷凍實驗時受了寒，因此死去。

　　培根的最重要的著作《崇學論》（*Advancement of Learning*）在許多點上帶顯著的近代色彩。一般認為他是「知識就是力量」這句格言的創造者；雖然以前講過同樣話的也許還有人在，他卻從新的著重點來講這格言。培根哲學的全部基礎是實用性的，就是藉助科學發現與發明使人類能制馭自然力量。他主張哲學應當和神學分離，不可像經院哲學那樣與神學緊密糅雜在一起。培根信正統宗教；他並非在此種問題上跟政府鬧爭執的那樣人。但是，他雖然以為理效能夠證明神存在，他把神學中其他一切都看作僅憑啟示認識的。

　　的確，他倒主張如果在沒有啟示協助的理性看來，某個教理顯得極荒謬，這時候信仰勝利最偉大。然而哲學應當只依靠理性。所以他是理性真理與啟示真理「二重真理」論的擁護者。這種理論在十三世紀時有一些阿威羅伊派人曾經倡說過，但是受到了教會譴責。「信仰勝利」對正統信徒講來是一句危險的箴言。十七世紀晚期，貝勒（Bayle）曾以諷刺口吻使用這箴言，他詳細縷述了理性對某個正統信仰所能講的一切反對話，然後作結論說：「儘管如此仍舊信仰，這信仰勝利越發偉大。」

　　至於培根的正統信仰真誠到什麼程度，那就無從知道了。歷來有多少哲學家強調演繹的相反一面即歸納的重要性，在這類稟有科學氣質的哲學家漫長的世系中，培根是第

一人。培根也如同大多數的後繼者，力圖找出優於所謂「單純列舉歸納」的某種歸納。單純列舉歸納可以借一個寓言作實例來說明。昔日有一位戶籍官須記錄下威爾士某個村莊裡全體戶主的姓名。他詢問的第一個戶主叫威廉·威廉斯；第二個戶主、第三個、第四個……也叫這名字；最後他自己說：「這可膩了！他們顯然都叫威廉·威廉斯。我來把他們照這登上，休個假。」可是他錯了；單單有一位名字叫約翰·瓊斯的。

　　這表示假如過於無條件地信賴單純列舉歸納，可能走上岔路。

　　培根相信他有方法，能夠把歸納做成一種比這要高明的東西。例如，他希圖發現熱的本質，據他設想（這想法正確）熱是由物體的各個微小部分的快速不規則運動構成的。

　　他的方法是做出各種熱物體的一覽表、各種冷物體的表以及熱度不定的物體的表。他希望這些表會顯示出某種特性，在熱物體總有，在冷物體總無，而在熱度不定的物體有不定程度的出現。憑這方法，他指望得到初步先具有最低階普遍性的一般法則。由許多這種法則，他希望求出有二級普遍性的法則，等等依此類推。如此提出的法則必須用到新情況下加以檢驗；假如在新情況下也管用，在這個範圍內便得到證實。

　　某些事例讓我們能夠判定，按以前的觀察來講均可能對的兩個理論，所以特別有價值，這種事例稱作「特權」事例。

　　培根不僅瞧不起演繹推理，也輕視數學，大概以為數學的實驗性差。他對亞里斯多德懷著惡毒的敵意，但是給德滿克里特非常高的評價。他雖然不否認自然萬物的歷程顯示出神的意旨，卻反對在實地研究各種現象當中摻雜絲毫目的論解釋。他主張一切事情都必須解釋成由致效因必然產生的結果。

　　培根對自己的方法的評價是，它告訴我們如何整理科學必須依據的觀察數據。他說我們既不應該像蜘蛛，從自己肚裡抽絲結網，也不可像螞蟻，單隻採集，而必須像蜜蜂一樣，又採集又整理。這話對螞蟻未免欠公平，但是也足以說明培根的意思。

　　培根哲學中一個最出名的部分就是他列舉出他所謂的「幻象」。他用「幻象」來指讓人陷於謬誤的種種壞心理習慣。

　　他舉出四種幻象。「種族幻象」是人性當中固有的幻象；他特別提到指望自然現象中有超乎實際可尋的秩序這種習慣。「洞窟幻象」是個別研究者所特有的私人成見。

　　「市場幻象」是關乎語言虐制人心、心意難擺除話語影

響的幻象。「劇場幻象」是與公認的思想體系有關係的幻象；在這些思想體系當中，不待說亞里斯多德和經院哲學家的思想體系就成了他的最值得注意的實例。這些都是學者們的錯誤：就是以為某個現成死套（例如三段論法）在研究當中能代替判斷。

儘管培根感興趣的正是科學，儘管他的一般見解也是科學的，他卻忽略了當時科學中大部分正進行的事情。他否定哥白尼學說；只就哥白尼本人講，這還情有可原，因為哥白尼並沒提出多麼牢靠的議論。但是克卜勒（Kepler）的《新天文學》（New Astronomy）發表在 1609 年，克卜勒總該讓培根信服才對。吉爾伯特（Gilbert）對磁性的研究是歸納法的光輝範例，培根對他倒讚賞；然而他似乎根本不知道近代解剖學的先驅維薩留斯（Vesalius）的成績。出人意料的是，哈維（Harvey）是他的私人醫生，而他對哈維的工作好像也茫然不知。固然哈維在培根死後才公布他的血液循環發現，但是人們總以為培根會知道他的研究活動的。哈維不很看好培根，說「他像個大法官似的寫哲學」。假使培根原來對功名利祿不那麼關切，他當然會寫得好一些。

培根的歸納法由於對假說不夠重視，以致帶有缺點。培根希望僅只把觀察數據加以系統整理，正確假說就會顯明畢露，但事實很難如此。一般講，設假說是科學工作中最難的

部分，也正是少不了大本領的部分。迄今為止，還沒有找出方法，能夠按定規創造假說。通常，有某種的假說是收集事實的必要先決條件，因為在對事實的選擇上，要求有某種方法確定事實是否與題有關。離了這種東西，單只一大堆事實就讓人束手無策。

演繹在科學中起的作用，比培根想的要大。當一個假說必須驗證時，從這假說到某個能由觀察來驗證的結論，往往有一段漫長的演繹程式。這種演繹通常是數理推演，所以在這點上培根低估了數學在科學研究中的重要性。

單純列舉歸納問題到今天依舊是懸案。涉及科學研究的細節，培根排斥單純列舉歸納，這完全正確。因為在處理細節的時候，我們可以假定一般法則，只要認為這種法則妥善，就能夠以此為基礎，建立起來多少還比較有力的方法。約翰・斯圖亞特・穆勒（John Stuart Mill）設出歸納法四條規範，只要假定因果律成立，四條規範都能用來有效。但是穆勒也得承認，因果律本身又完全在單純列舉歸納的基礎上才信得過。科學的理論組織化所做到的事情就是把一切下級的歸納歸攏成少數很概括的歸納 —— 也許只有一個。這樣的概括的歸納因為被許多的事例所證實，便認為就它們來講，合當承認單純列舉歸納。這種事態真不如意到極點，但是無論培根或他的任何後繼者，都沒從這局面中找到一條出路。

培根生平

　　法蘭西斯·培根（Francis Bacon, 1561-1626）在 1561 年出生於倫敦一個官宦世家，父親尼古拉·培根是伊麗莎白女王的掌璽大臣，曾在劍橋大學攻讀法律，他思想傾向進步，信奉英國國教，反對教皇干涉英國內政；母親安妮·培根是一位頗有名氣的才女，她精通希臘文和拉丁文，是喀爾文教派的信徒。良好的家庭教育使培根各方面都表現出異乎尋常的才智。

　　1573 年，年僅 12 歲的培根被送入劍橋大學三一學院深造，大學中的學習使他對傳統觀念和信仰產生了懷疑，開始獨自思考社會和人生的真諦。三年後，培根作為英國駐法大使的隨員旅居法國巴黎。短短兩年半的時間裡，他幾乎走遍了整個法國，這使他接觸到不少新的事物，汲取了許多新的思想，並且對其世界觀的轉變產生了極大的影響。

　　1579 年，父親突然病逝，他要為培根日後贍養之資的計畫破滅，培根不得不回到倫敦。由於生活開始陷入貧困，在回國奔喪之後，培根進入了葛雷法學院，一面攻讀法律，一面四處謀職。

　　1582 年，21 歲的培根取得了律師資格，此時，培根思想上更為成熟了，他決心把脫離實際、脫離自然的一切知識加以改革，並且把經驗和實踐引入認識論。這是他「復興科學」的偉大抱負，也是他為之奮鬥一生的志向。

　　1584 年，23 歲的他當選為國會議員。

　　1589 年，成為法院出缺後的書記，然而這一職位竟長達 20 年之久沒有出現空缺。他四處奔波，卻始終沒有得到任何職位。

　　1602 年，伊麗莎白去世，詹姆士一世繼位。由於培根曾力主蘇格蘭與英格蘭的合併，受到詹姆士的大力讚賞。培根因此平步青雲，扶搖直上。1602 年受封為爵士，1604 年被任命為詹姆士的顧問，1607 年被任命為副檢察長，1613 年被委任為首席檢察官，1616 年，被任命為樞密院顧問，1617 年提升為掌璽大臣，1618 年晉升為英格蘭的大陸官，授封為維魯蘭男爵，1621 年又授封為奧爾本斯子爵。但培根的才能和志趣不在國務活動上，而存在於對科學真理的探求上。這一時期，他在學術研究上取得了巨大的成果。並出版了多部著作。

　　1621 年，培根被國會指控貪汙受賄，被高階法庭判處罰金四萬磅，監禁於倫敦塔內，終生逐出宮廷，不得任議員和官職。雖然後來罰金和監禁皆被赦免，但培根卻因此而身敗

名裂。從此培根不再理政事，開始專心從事理論著述。

　　1626 年，3 月底，培根坐車經過倫敦北郊。當時他正在潛心研究冷熱理論及其實際應用問題。當路過一片雪地時，他突然想做一次實驗，他宰了一隻雞，把雪填進雞肚，以便觀察冷凍在防腐上的作用。但由於他身體孱弱，經受不住風寒的侵襲，支氣管炎復發，病情惡化，於 1626 年 4 月 9 日清晨病逝。

電子書購買

爽讀 APP

國家圖書館出版品預行編目資料

深窺內心，一切的奇蹟在你自己：古典經驗論始
祖培根對「命運」的思考 / [英] 法蘭西斯·培根
（Francis Bacon）著，吉喆 譯 . -- 第一版 . --
臺北市：崧燁文化事業有限公司 , 2024.04
面； 公分
POD 版
譯自：All miracles come from you
ISBN 978-626-394-169-4(平裝)
1.CST： 培 根 (Bacon, Francis, 1561-1626)
2.CST: 學術思想 3.CST: 哲學
144.32 113003880

深窺內心，一切的奇蹟在你自己：古典經驗論始祖培根對「命運」的思考

臉書

作 者：[英] 法蘭西斯·培根（Francis Bacon）
譯 者：吉喆
發 行 人：黃振庭
出 版 者：崧燁文化事業有限公司
發 行 者：崧燁文化事業有限公司
E - m a i l：sonbookservice@gmail.com
粉 絲 頁：https://www.facebook.com/sonbookss/
網 址：https://sonbook.net/
地 址：台北市中正區重慶南路一段六十一號八樓 815 室
Rm. 815, 8F., No.61, Sec. 1, Chongqing S. Rd., Zhongzheng Dist., Taipei City 100, Taiwan
電 話：(02) 2370-3310 傳 真：(02) 2388-1990
印 刷：京峯數位服務有限公司
律師顧問：廣華律師事務所 張珮琦律師

定 價：299 元
發行日期：2024 年 04 月第一版
◎本書以 POD 印製